WAC BUNKO

日本アホバカ勘違い列伝

北岡俊明

WAC

プロローグ――是枝監督の勘違い

映画監督・是枝裕和《これえだひろかず》の「万引き家族」が、第七十一回カンヌ国際映画祭で最高賞のパルム・ドールを受賞した。それに対して林芳正文部科学大臣は、「パルムドールを受賞したことは誠に喜ばしく誇らしい。（文科省に）来てもらえるか分からないが、是枝監督への呼びかけを私からしたい」と発言した。

しかし、問題は、その後、文科大臣の祝意の申し出を拒否した是枝の発言である。是枝は次のように言った。

「映画がかつて、『国益』や『国策』と一体化し、大きな不幸を招いた過去の反省に立つならば、大げさなようですがこのような『平時』においても公権力（それが保守でもリベラルでも）とは潔く距離を保つというのが正しい振る舞いなのではないかと考えています」

この発言には、次のような見逃すことができない問題がある。

第一．是枝監督よ、公権力とは誰のことだ。

公権力とは誰なのか。何を指しているのか。軽々に公権力などと言うな。是枝に言いたい。公権力とは政府である。民主主義国家では、政府とは国民を代表した存在である。ゆえに、公権力とは国民そのものである。公権力と距離を保つとは、国民から距離を保つということである。国民の意思、国民の願い、国民の視意を拒否することである。思い上がりも甚だしい。自分を何様だと思っているのだ。

第二．是枝監督の発言は手垢がついた紋切り型の左翼もどきの発想である。

是枝の発想は、権力と対峙することを進歩的と考えている、あまりにも古い発想である。紋切り型の、手垢《てあか》がついた発想である。ソ連の崩壊とともに絶滅したはずの左翼的発想がいまだに生きていたことに驚いた。こういう古臭い発想をする人間が、映画監督とは驚くほかはない。旧社会党や旧民主党の人間をみれば分かる通り、左翼には創造性や独創性というものが致命的に欠落している。万引き家族という作品は、奇をてらった映画である。日本人と日本文化を誤解させる恥ずべき作品である。何がパルム・ドール賞だ。是枝は、フランスの公権力に尾っぽを振り、ひれ伏し、日本の公権力を蔑視する、情けない男である。

第三．是枝監督の認識は、戦前＝悪という固定観念で固まっている。

是枝は、戦前はすべて間違った時代だったという前提に立っている。七十年前のマッカーサーとＧＨＱそのままの認識である。「映画がかつて、国益や国策と一体化し、大きな不幸を招いた過去の反省に立つならば」だと。冗談ではない。戦前の映画が何をしたのだ。戦前の映画が、どういう不幸をもたらせたのだ。その証拠をみせろ。

是枝は観念的な戦後平和主義に毒された典型的な人間である。是枝は日本の歴史に対してまったく無知である。とくに戦前の歴史に対して無知蒙昧《もうまい》である。明治・大正・昭和のわが先祖がつくった大日本帝国の輝かしい歴史と実績を冒涜している。明治以来の私たちの祖父母に対する愛情がない。リスペクトのかけらもない。歴史を否定するものは歴史から罰を受けるだろう。

第四．是枝監督の作品は国民の税金で完成したものである。

是枝の作品は、文化庁が所管する独立行政法人・日本芸術文化振興会の「文化芸術振興費補助金」から二千万円の助成を受けている。国の助成を受けて、映画を作っておきながら、公権力と距離を置くとは、矛盾している。青臭い考えである。

しかも、カンヌ映画祭は、フランスの公権力であるフランス政府の主催で始まった映画祭である。フランス政府が深くかかわった映画祭で賞をもらいながら、日本政府からの祝福を拒否するとは、矛盾どころか、思い上がりである。

フランスには尻尾をふり、日本政府にはえらそうに粋がって見せる。しょせん是枝は、左翼かぶれの小児的な男にすぎない。文化庁の助成金を返還し、次回からカンヌ映画祭に行くなと言いたい。文化庁の助成金とは国民の税金である。是枝よ、即刻、助成金を返せと言いたい。

是枝には、戦前＝悪、大日本帝国＝悪という観念が、ぬぐいがたく刷り込まれている。まさに戦後平和主義教育の無残な結果であり、彼はその申し子である。昭和二十年八月十五日の敗戦とともに始まったマッカーサーとＧＨＱの洗脳は、七十年たっても是枝の頭の中に生きている。

しかし、明治以降の日本の歴史に対する無知は見逃すわけにはゆかない。明治・大正・昭和のわが先祖たちの艱難辛苦《かんなんしんく》の歴史を足蹴《あしげ》にするような思想に対して、筆者は黙っているわけにはいかない。徹底的に糾弾《きゅうだん》し、弾劾《だんがい》しなければならない。明治以降の近代日本史を足蹴にするような人間を野放しにするわけにはゆかない。

是枝が今日あるのは、明治・大正・昭和の先人のおかげである。是枝に問い糺《ただ》したい、明治・大正・昭和の先人たちの行動は間違っていたというのか。明治・大正・昭和とは世界史の中に燦然《さんぜん》と輝く大日本帝国である。是枝は、大日本帝国を全否定するのか。西郷隆盛、大久保利通、伊藤博文、福沢諭吉、新渡戸稲造、内村鑑三、そして明治生まれの是枝の大先輩の巨匠《きょしょう》黒澤明と小津安二郎を全否定するのか。

映画監督だった小津安二郎《おづやすじろう》は、一兵士として、シナ事変に応召し、約二年間、中国大陸を転戦している。最後は軍曹として除隊している。

シナ事変では多くの兵隊が戦死している。小津の監督仲間で親友山中貞雄《やまなかさだお》は、同じころ、応召し、南京攻略戦に参加した後、各地を転戦していたが、戦病死している。小津も死と隣り合わせで大陸を転戦したのである。もし小津が戦死していたら、名優原節子《はらせつこ》主演の名作「東京物語」はなかっただろう。

戦後平和主義の惰眠をむさぼっている是枝には、一兵隊としての小津安二郎や山中貞雄の気持など永久に分らないだろう。当時のすべての日本人は、祖国を守るために銃をとったのである。是枝よ、安っぽい戦後平和主義を振りかざすな。

筆者は戦争を研究している。とくに兵隊について強い関心がある。一農民、一商人、一インテリが招集を受け、厳しい内務班のしごきを経て、戦場にむかう。もくもくと大陸を行軍する兵隊の心境はどうだったか。小津安二郎のような、インテリにして、かつ映画監督も、徴兵され、一兵隊として中国大陸を行軍し、転戦したのである。筆者には、戦場体験がないゆえに、兵隊の苦労について何もわからない。しかし、その足跡をたどることで、少しでも小津安二郎などの世代の艱難辛苦の万分の一でも分かち合いたい。

是枝には、わが父祖たちの戦争の苦労をしのぶという気持はさらさらない。戦後平和主義を振りかざし、戦争を断罪する是枝を見ると、心底腹が立ってくる。戦争とは、是枝程度の頭脳では理解不能である。まして、映画監督として、小津安二郎の足元にも及ばず、愚作、駄作しか作れないだろう。映画監督たるものは、善も悪も、人生の酸いも甘いも噛みしめる、広い度量がなくてどうするのだ。是枝は、しょせん、矮小な監督に過ぎない。

戦後日本には、是枝のようなニセモノが増えた。戦前すなわち大日本帝国時代の日本人は、スケールも大きく、人間性も人格も高潔で、人生の酸いも甘いも嚙みしめることができる人物が多かった。たった一度の敗戦で、戦前を全否定する人間など信用できない。是枝よ、もっともっと、人間を、人生を勉強しろ、歴史を、わが父祖の歩みを勉強しろ、その程度の知性では、黒澤、小津などもってのほか、三文映画がせいぜいだろう。

●御礼を申し上げます

本書は多くの方々のおかげで完成いたしました。出版に関しましては、ワック株式会社書籍編集長の仙頭寿顕さんに大変お世話になりました。また資料データにつきましては、神奈川大学名誉教授北岡正敏先生、シンクタンク戦略大学の以下の同志会員に大変お世話になりました。あらためて御礼を申し上げます。

青木恒、長谷川賢二、押田信昭、竹内勇人、近藤次美、宮村啓路、正岡志気、江原裕、秋山俊介、柳澤賢治、黒崎浩、辻俊昭、清水健二、河村宣行、松元俊夫、仲渡靖、北岡憲太郎

平成三十年八月十五日　靖國神社の参拝を終えて

「シンクタンク戦略大学」代表　北岡俊明

日本アホバカ勘違い列伝

目次

第十章

装幀／須川貴弘（ＷＡＣ装幀室）

第一章　勘違い人間とは何か

今、日本は勘違い人間だらけ

「勘違い人間」とは、簡単に言うと、左記のような人間のことである。

第一に、能力がないのに、世襲やコネや縁故で、あるいは利権や特権で、有名になったり、高い地位を得たり、金儲けをしている人間のことである。世襲政治家や世襲タレントなどが典型である。

第二に、自分が今日あるのは、国家の保護、国民の支持、税金など、公的な支持と援助のおかげなのに、それを忘れて、自分の力で実現できたと錯覚している人間である。映画監督でカンヌ映画祭で受賞した是枝裕和や、日大理事長田中英寿《たなかひでとし》、ボクシングの山根明《やまねあきら》などが代表である。

具体的にいうと、以下のような人間である。

第一：世襲の政治家、世襲の医者、世襲のボンクラ経営者、世襲芸人、世襲タレントなどである。

第二：実力がないのに偉ぶっているエセ知識人である。無能なくせに、テレビに出て、したり顔で、バカなコメントをする、大学教授、弁護士、コメンテーターなどである。

第三：①利権・特権の天下り官僚、②補助金漬けの百姓、漁業権という訳のわからない特権をもっている漁師、③三千億円の私学助成金（税金）をもらっている大学と高校である。④有名人の子弟が縁故入社するテレビ界。

●世襲大国ニッポン

戦後七十年経過し、日本の各界において、世襲が伝染病のように蔓延している。世襲大国ニッポンといってもいい。たとえば、政界、芸能界、医者、テレビ界などいたるところに世襲の二世、三世がいる。縁故、コネ、利権、特権でその地位を得ている。今、日本が停滞している大きな原因の一つは、世襲、利権特権、縁故、コネの蔓延にある。

本田宗一郎《ほんだそういちろう》や**松下幸之助**《まつしたこうのすけ》が出現するチャンスはほとんどなくなった。ソニーの**盛田昭夫**《もりたあきお》が唱えた学歴無用論が、むなしく響く。幼稚園児のお受験から大学まで、世の中は学歴社会と化している。名もなく、金もなく、縁故もない、前途有為なる青年が、世に出るチャンスを奪っている。この閉塞感の元凶が、世襲であり、特権利権である。

戦前の青年は、大陸に満洲に南米に雄飛した。しかし、今の若者に雄飛する場所はない。国内は世襲だらけ、海外は中国人と韓国人だらけ。**鶴田浩二**《つるたこうじ》の「傷だらけの人生」のセリフではないが、「生まれた土地は荒れ放題、今の世の中、右も左も真っ暗闇じゃございませんか」である。

とくに、政界には百五十名もの世襲政治家がいる。石をぶつければ世襲政治家にあたる。安倍の後継者といわれる政治家は、すべて世襲の二世、三世である。小泉進次郎にいたっては四世である。政治の劣化は世襲政治家の跋扈《ばっこ》が最大の原因である。人間が矮小になり、トランプ、プーチン、習近平と差しで渡りあえる政治家はほぼ皆無である。

結局、政界、テレビマスコミ界、芸能界など、社会に大きな影響を与える業界が、世襲、縁故、コネ、利権の社会と化している。テレビ界には、有名人のコネで入社した子弟であふれている。芸能界は、石をぶつければ世襲の二世に当たる。

●世襲・歌舞伎役者なんぞクソ食らえ

筆者は歌舞伎役者を、まったく、かいもく、ぜんぜん、評価しない。理由は世襲の特権階級だからだ。市川エビゾウか、ザリガニか、ズワイガニだか、知らないが、大きな顔をして、どこにでもしゃしゃり出る厚かましい人種である。

東京の知識人やマスコミは、歌舞伎役者に甘く、媚びへつらい、無条件に賛美する。権威に弱く、批判精神のかけらもない。我がふるさと四国徳島に行けば、人形浄瑠璃こそ花形芸能である。歌舞伎役者は、河原乞食である。歌舞伎なんぞは、幼児から練習すれば、バカでもチョンでも、歌舞伎程度の見得は切れる。

市川カニゾウは、劇団四季では通用しない。四季の鉄則、「一音落とす者は去れ」、と叱咤されるだろう。無名塾の仲代達也が、大きな目をむいて、出直して来いというだろう。

日本社会は世襲に甘いが、その元凶が歌舞伎である。お花、お茶なども世襲である。とうと う落語まで世襲が出てきた。芸人タレントも世襲が増えた。至学館大学のような大学まで学長が世襲である。

東京は、江戸時代からの伝統で、権威や権力に弱い風土である。庶民の上に幕府権力が君臨していた。水戸黄門の印籠がモノを言う社会である。東京は権力がモノを言い、大阪はゼニがモノを言う。大阪は、幕府権力が届かず、町人が自由に振る舞えた土地であった。

東京から七百キロ離れた、わが故郷四国には、東京の権威も権力も、まったく及ばない。逆に、反骨精神は、脈々と生きている。何がエビゾウだ、カニゾウだ、ザリガニだ、知ったことじゃない。田舎者には田舎者の矜持《きょうじ》がある、と見栄を張って強がっているが……。

●門閥制度は親の仇でござる……福沢諭吉と本田宗一郎

福沢諭吉は、「門閥制度は親の仇《かたき》でござる」と怒った。福沢の父親は、門閥に苦しめられ、世に出ることなく、不遇のまま死んでいった。父親の心中を思い、肺腑《はいふ》をえぐるような言葉であり、怒髪《どはつ》天をつく怒りである。天は人の上に人をつくらず、人の下に人をつくらずとは、福沢の怒りを背景に喝破した名言である。しかし福沢の精神に反して慶応は巨大閥となった。福沢諭吉は、この巨大閥を見て、天国でなんと思っていることだろう。

戦後の経営者の中で、本田宗一郎ほど、公平無私の精神を体現していた人間は少ない。本田宗一郎は、「わが社には小学校閥しかない」と喝破した。すべての社員は小学校を出ている。小学校閥とは、本田宗一郎らしい名言である。彼は、学歴、コネ、縁故、すべての特権、利権を排除した。すべての人間に対して平等と公平無私の精神を貫いた。

社長が社長車を持てば社員も持ちたいだろうと、自前の車を持ち、自前でガソリンを入れ、自分で運転した。不公平になるからと、一切の役員、社員を自宅によばなかった。経営史の中で、**本田宗一郎**ほど、公平無私を貫いた人物を知らない。

筆者は、取るに足りない市井の一素浪人であるが、精神だけは、福沢精神、本田精神を継ごうという気概はある。縁故、コネ、利権、特権、既得権益、クソ食らえという精神である。

勘違いの定義

さて、ここで勘違い人間を定義しておこう。

第一・生まれながらの特権・利権をもった世襲人間である。
①政治家、②医者、③歌舞伎役者、④韓国のナッツ姫のような世襲経営者。生まれながら特権、利権をもった悪としての世襲である。高度な技術を伴う職人の世襲は良き世襲である。

現在の歌舞伎役者が問題なのは、映画、テレビなど歌舞伎以外の分野に、歌舞伎の威光をもって、しゃしゃり出てくるからである。名優、長谷川一夫《はせがわかずお》、片岡千恵蔵《かたおかちえぞう》、市川右太衛門《いちかわうたえもん》、大川橋蔵《おおかわはしぞう》、中村錦之助《なかむらきんのすけ》など、昔の歌舞伎役者は、歌舞伎を辞めて、映画界に進出したものである。けじめをつけていた。

歌舞伎役者という威光を持ち出されると、実力があっても、無名の若い役者には、出る幕がない。無名の若者に対して、最初から大きなハンディを負わすのが、市川ザリガニとかいう出しゃばり歌舞伎役者である。

第二　能力がないのに有名になり図に乗っている人間。

テレビに出ているタレント、芸人に圧倒的に多い。とくに、東京には、この手合いが多い。元漫才師が、たかが芸人のくせに、芸術家や文明評論家を気取る。東京という権威に弱い風土が、この手の人間を生む。

「師匠、先生、監督、巨匠」と、ヨイショし、もてはやすから、当人もその気になっている。ビートたけしである。筆者は、漫才師としてのビートたけしを評価するが、映画監督としての北野武をまったく評価しない。ヤクザ映画を作るのは、安易であり、創造性のかけらもない。男としての「戦い」や、「力」や、「暴力」を描くのに、ヤクザを題材にするのは、いかに創造性がないかを証明している。少しは、黒澤明《くろさわあきら》や小津安二郎《おづやすじろう》を勉強しろと言いたい。結果として、暴力団を肯定し、賛美している。ビートたけしの映画は反社会的な映画である。

反対に、大阪の漫才師はどこまで行っても漫才師である。決して師匠や芸術家にならない。大阪の風土が、それを許さない。権威や権力、糞くらえが大阪の文化である。ゆえに、芸人としての腕が一流になる。まさに職人芸である。

四国で生まれ、大阪で大学時代を過ごし、三十歳で関東に出てきた筆者は、関西と関東の文化の違いがよくわかる。関東は、権威や権力や伝統に弱く、無批判に賛美する。とくに、マスコミと文化人・知識人が、権威や権力や伝統に対して媚びへつらう。当然、歌舞伎には、へへっと這《は》いつくばって賛美する。漫才師や噺家を、「師匠、師匠」と、媚びへつらう。反骨精神のかけらもない。反骨精神こそ、人間が成長するための必須の原動力なのである。

第三．能力がないのに、自分を偉いと錯覚し、価値観を押しつける人間。

作家、弁護士、ジャーナリスト、コメンテーター、大学教授、映画監督、評論家、キャスター、アナウンサーなどである。すでに述べた是枝監督や、アルマーニ校長である。テレビをひねると、出るわ出るわ、この手合いであふれている。偉そうに、したり顔のつまらんコメントをする。

とくに、最近、肩書にやたらと作家をつけたがる人間が多い。小説を書いていないのに作家である。たとえば、ヤブ医者でも医師の国家資格を持っている。つまらんコメントをするコメンテーターの弁護士でも国家資格をもっている。しかるに、作家は国家資格がいらない便利な肩書である。だから、やたらと名乗りたがる。

最近は小説をまったく書いていないのに、昔の名前で出ていますではないが、作家を名乗って、上から目線で、教訓を垂れ流しているババアが二人いる。一人はクリスチャンで、一人は頭を丸めた坊主である。そやつは誰だ？　フーアーユー。

第四．国民の血税をすすっている人間。

①天下り官僚、②補助金漬けの百姓・漁師、③私立なのに国民の税金を投入している私立大学・高校である。

とくに、漁師は、勝手に海に線引きをし、占拠し、漁業権だとうそぶいている。海は国民共有の財産である。漁師とは、自由なる海を不法占拠し、不法に魚を取っている連中である。漁業権とはサカナ泥棒の別名である。いったい、漁業権とは何だ。誰が、いつ、何の権限・権利があって決めたのだ。なぜ一般国民には漁業権がないのか。日本の既得権益、利権、特権を、一度、ご破算にして、情報公開をしろ。

第五．勘違いしている組織やテレビ局。

日本相撲協会、日本弁護士連合会、レスリング協会、ボクシング連盟、テレビ局である。テレビではビートたけしの「TVタックル」である。たけしを筆頭に、東国原英夫《ひがしこくばるひでお》、大竹《おおたけ》まことなど、知識人ぶる勘違い人間のオンパレードである。

とくに、大竹と東国原は、たけしの権威をかさに着て、上から目線で、つまらんことを、もったいぶって、偉そうにモノを言う。こういうのを勘違い人間といい、恥知らずともいう。寅さんではないが、それを言っちゃオシメーエよ。

その他、「サンデーモーニング」という左巻きの勘違い番組がある。司会の関口宏《せきぐちひろし》以下、陰気な青木理《あおきおさむ》、インテリぶる寺島実郎《てらしまじつろう》など、偽善者のオンパレードである。

勘違い政治家

勘違い人間の真打は政治家に尽きる。

例をあげれば、世襲政治家の自民党野田聖子や小泉進次郎などである。野田が自民党総裁だと、小泉が次の総理候補だと、冗談は顔だけにしておけ。自民党がいかに人材が不足しているかを証明している。野田や小泉程度の人間は、民間ならば、掃いて捨てるほどいる。国民を、有権者を、舐めるなと言いたい。

野党では辻元清美《つじもときよみ》と蓮舫《れんほう》である。筆者は、この二人を生理的に受けつけない。この場合、感情論ではない。長年の彼女たちの行動の結果である。ゆえに生理的嫌悪感とは、論理的嫌悪感なのである。

辻元、この女を一言でいうと狡猾《こうかつ》な女である。ずる賢いのである。政党を渡り歩き、いつも権力者のそばにくっついている。福島瑞穂《ふくしまみずほ》と一緒だと思ったら、さっさと福島を捨てた。今度は岡田克也《おかだかつや》にすり寄った。目立ちたがり屋である。党首の岡田が記者会見をするとき、真後ろにピッタリとくっ付いて、テレビに映ろうとした。

その後、いつの間にやら、立憲民主党に鞍替《くらが》えした。立憲の国会対策委員長として、与党と会談する時、野党の人間はテレビカメラでは横顔しか映らないが、この女は、与党の人間のように、無理して正面を向き、カメラに映ろうとする。何が何でも、自分だけ目立とうとする。筆者は、この女を見ると、チャンネルを変える。まさに反吐《へど》が出るほど嫌な女である。

続いて、蓮舫である。キャンキャンと犬のように鳴く。どうして野党には、この手のリベラル気取りの左巻きの、嫌悪感が生じるような、嫌な奴が多いのか。これこそが野党が政権をとれない最大の理由である。大衆は、この手の女に、政治家としてのいかがわしさを見、支持しないのである。左巻きの民主党政権には懲りている。

●世襲政治家が百五十名もいる

全国会議員七百名の中で、世襲政治家が百五十名いる。

デモクラシーの先進国では政治の世襲はありえない。世襲は悪、というのが政治の常識だからだ。日本は異常である。すでに指摘したように、日本社会は世襲に甘い。有権者や世論の甘さが、世襲政治家の跋扈《ばっこ》を許しているのである。

世襲の増加は、日本社会の活力をそぎ、やる気のある若者の意欲をなくす。戦前ならば、若者は中国大陸や満洲や南米に雄飛した。戦後は雄飛する場所がなく、若者の閉塞感は発散する場所がない。現代の若者が冒険心をなくし、小さくまとまっているのは、戦後社会の反映である。

世襲の隆盛は、明治維新や、敗戦後のような動乱期にはなかった。実力主義が支配するからである。社会が落ちついてくると、とくに戦争のない平和は、世襲人間を増やす。皮肉だが、日常的に戦争に向きあっている国家には、世襲が生まれる確率は低い。戦争とは、実力主義の世界だからだ。戦争には、縁故も、コネも利権も、特権も、通用しない。殺すか、殺されるかの世界である。戦場には世襲の意味も価値もない。

世襲医者の勘違い

日本の医者には世襲が多い。

橘木《たちばなき》俊詔《としあき》・参鍋《さんなべ》篤司《あつし》著『世襲格差社会』（中公新書）によると、国立大学の医学部の学生の三〇〜六〇％は、親が医者である。私立大学になると、五〇〜九〇％は親が医者である。医者は世襲の職業となっているのである。

全国に医者は三十万人（二〇一二年）いる。世襲率を最小五割で計算すると十五万人、最大七割と見積もると二十一万人、これが世襲医者の数である。ちょっと風邪を引いたと近所の医者にかかっても、世襲医師が三分間診断をする。その医者が、高級車を乗り回しているかと思うと、医療費を返せといいたくなる。

今や、医者の世界は、金持ちでないと医者になれない。医者の親は、巨額の教育費を注いで、子供を医学部に進学させる。偏差値の低い子供には、私立大学の医学部に進学させる。三千万円から五千万円の学費がいる。

たまたま東京医科大学の裏口入学問題が発覚した。氷山の一角である。金持ちが金を積んで、ドラ息子を医者にしている。かくして、医者の世界は、金持ちによる、金持ちのための、金持ちの職業と堕《だ》したのである。

しかも女性の合格率を下げていたとは、言語道断である。今後、過去にさかのぼって、不合格だった女性から訴えられたら収拾がつかないだろう。大学の廃校もあり得るほどの超巨悪事件である。

アルマーニ校長の勘違い

●アルマーニ校長は教師失格である

勘違い教育者は、銀座の泰明《たいめい》小学校のアルマーニ校長に尽きる。この男、アルマーニを着ることが教育だと勘違いしているトンチンカンである。自分の勝手な価値観を、生徒に押し付けている。しかも、そのことにまったく気が付いていないのだから、よけいに始末がわるい。

生徒の価値観は、個人の自由であり、干渉してはならないのは、教育の根本原理である。アルマーニを押し付けるとは、頭の悪い校長である。憲法第一九条には、「思想及び良心の自由は、これを犯してはならない」と書いてある。思想とは価値観である。価値観とは基本的人権である。憲法第一一条には、基本的人権を侵してはならないと書いてある。この校長は基本的人権すら理解していない。

こういう頭の悪い奴が、長年、教師であること自体、アンビリーバボーである。同じく、日教組も、左巻きの勘違い人間の集まりである。アルマーニ校長と日教組、こういう手合いは、早く日本の教育界から一掃しないと、日本の将来が心配である。日教組とかけて、麻原彰晃と解く、その心は、どちらのキョウソも狂っている。

●校長なのに教育の意味がまったく分かっていない

花の都は、東京の銀座に、泰明小学校という学校がある。筆者は、なぜか、女優の故朝丘雪路《あさおかゆきじ》が泰明小学校の卒業生だったことを思い出す。朝丘は、有名な伊東深水《いとうしんすい》画伯の娘で、人力車にのって学校に通ったそうである。泰明小学校は、名門のお嬢様やお坊っちゃまが通う学校というイメージがある。

すでに述べたように、この小学校の校長に和田利次という男がいて、アルマーニというブランドの制服を採用しようとして、問題になった。この男、校長失格、教育者失格である。こんなお粗末な男が校長とは、驚き、桃の木、山椒の木、ブリキに、タヌキに、蓄音機である。

人間の教育はブランドで決まるものではない。この校長は、ブランドの服を着せれば、学力が伸び、人格や人間性が育ち、自信や誇りが生まれると考えているらしい。教育者として、教育の本質がまったく分かっていない。

教育者、教師として、失格である。この程度の人物が、よくぞ校長になったものである。こんな男が、長年、教師をしていたとは、あきれはてる。さぞかし、自己本位の勝手な教育論をふりかざし、生徒や父兄を悩ませ続けたことであろう。

テレビで記者会見を見たが、反省の色なしである。自分の価値観を最善のものと思っている、この独善的態度は、教育者として失格である。この男、長年、教育の現場で、生徒におのれの価値観を押しつけてきた可能性が高い。泰明小学校に赴任する前に、勤めた学校での評判は悪いと推測できる。ガンコで融通が利かず、自分の価値観を押しつける人間である。そもそも当たり前だが、人間は、一人一人、価値観が異なる。個人の価値観を尊重し、個性を育てるのが、教育である。学校は軍隊にあらず、と言いたいが、今どき軍隊でも、兵士の価値観を大切にしているはずだ。そうしないと、複雑な時代において、変幻自在な作戦を遂行できないからである。

偽善者・尾木ママの勘違い

●尾木直樹はエセ教育者である

テレビによく出ている人間で、通称、尾木《おぎ》ママと呼ばれている教育評論家がいる。オネエ言葉を発する気色の悪い奴である。ざっくり言うと、リベラルを気取り、エセ正義感をふりかざし、平和主義を気取っている男である。

なぜ、この手の男がテレビにひんぱんに出演するのか理解できない。教育に対する理論も、信念も、哲学もない。ただの八方美人である。リベラルを気取っているから、紋切り型の反応をする。たとえば、戦争反対、原爆反対、体罰反対、シゴキ反対、いじめ反対と、絵に描いたよう紋切り型のリベラル風の反対をする。

尾木直樹の思考は、判で押したように、紋切り型であるから、あらかじめ予想できる。予定通りの行動をする単細胞人間である。人生や、世の中について、深く哲学的に考えたことはない。深く悩んだことはない。左翼リベラル風の思考と行動しかできない。こういう手合いから教育を受けると、独創や、創造や、イノベーションを起こす人間が育たない。

●尾木ママと詐欺被害……教育評論家の看板を降ろせ

尾木がパソコンのハッキング詐欺にあったそうである。平成三十年七月二十三日放送のフジテレビの坂上忍司会の「バイキング」を見ていると、尾木が出演して、パソコンのハッキング詐欺にあったと訴えていた。

しかし、尾木は被害者ではなく、ただのアホウである。少なくとも教育評論家を看板にかかげている人間が、この種の幼稚園の園児レベルのパソコンの問題を、詐欺だと大騒ぎするのは、もの凄く恥ずかしい。

いきさつはこうだ。尾木は、ロシアW杯の決勝をパソコンで視聴しようとしたところ、「このパソコンは、ハッキングされました。直ちに以下に電話を」という表示が出て、大きな警告音が鳴ったそうだ。

そこで連絡先に電話をしたところ、セキュリティー対策費用の支払いとして、クレジットカード番号を教えるか、プリペイドカードを購入してくださいと、勧められたそうだ。そこで、尾木は、プリペイドカードを購入したそうだ。しかし　家族が不審に思い、電話番号を調べたところ、詐欺で使われた番号と同じものだったので、詐欺が発覚した。プリペイドカードの番号を入力すると、すでに使われた後だった。

尾木は、バイキングに出演して、

「僕はだまされない自信はあったんですよ。二〇〇%自信があった。申し訳ないけど、だまされる人がうかつかなと思っていた」。

「警告音のアラームが鳴って、夜だから余計に大きな音に聞こえるし、ほかの人に迷惑かけちゃいけないと思って」と、盛んに自己弁護の言い訳をしていた。

少なくとも知性と教養が売り物の評論家が、こんな低級なウソに騙されるのは、恥と思わねばならない。そこらのオッサンやオバサンが、詐欺にあう事件とは、まったく意味が違う。少なくとも教育評論家として、テレビに出演し、人前で講演している人間である。この程度の園児レベルのパソコン知識で、よくぞ教育評論家として、講釈をたれてきたものである。ようするに、尾木ママの知識や教養や知性が、いかに低いものであるかを証明した出来事だった。

●戸塚ヨットスクールの戸塚宏は真の教育者である

尾木と正反対の教育者が、戸塚ヨットスクールの戸塚宏《とつかひろし》である。

戸塚宏の主張を要約すると次のようになる。すなわち、体罰やいじめは必要と述べている。なぜ、体罰やいじめがなくならないのか。それは人間社会に必要だからである。いじめは弱い人間に対する鍛錬《たんれん》や教育訓練である。

たとえば、いじめは、先輩が後輩に対して、早く、先輩と同じレベルになれと、叱咤する行為である。ゆえに、その後輩が先輩のレベルに達した時、先輩は後輩をいじめる必要がなくなっており、自然にいじめは消滅している。正常ないじめは、弱い人間を鍛え強くする。もちろん異常ないじめもある。体罰も同じである。正常な体罰と異常な体罰がある。

彼の著書『**本能の力**』（**新潮新書**）は一読に値する。戸塚は名古屋大学工学部出身の論理的・科学的な人物である。尾木のような非論理的な人間とは、根本的に資質が違う。戸塚は、ものごとを哲学的にも、論理的にも、科学的にも、考えている。しかも戸塚ヨットスクールを通じての実践の裏付けがある。尾木のような机上の空論ではない。

その証拠に、戸塚ヨットスクールを支援する会がある。会長は石原慎太郎である。西村眞悟《にしむらしんご》、小室直樹《こむろなおき》、村松剛《むらまつたけし》、立川談志《たてかわだんし》、伊東四朗《いとうしろう》、岡田武史《おかだたけし》（元サッカー日本代表監督）、田母神俊雄《たもがみとしお》、野口健《のぐちけん》など、錚々《そうそう》たる人が名を連ねている。

●軍隊におけるしごきと体罰

いじめ問題について、分りやすい例でいうと、世界中の軍隊で行われている体罰やいじめやしごきである。日本の場合には、戦前の帝国陸海軍のものである。筆者は、約三十年間、帝国陸海軍を研究してきた。

なぜ、軍隊では、激しくしごき、体罰を加え、いじめるのか。理由は単純である。戦場で戦死しないためである。日清・日露の戦いから、輝かしい戦歴を重ねてきた帝国陸海軍が、長年かけて編み出した経験則である。

たとえば、古兵（二年兵、三年兵など）に比べると、初年兵は一年生であり、体力や精神力がなく、きびしい行軍や戦闘に耐えられない兵である。戦場では、まわりの状況を的確に判断し、スピードをもって、きびきびとした行動をしないと戦死する。敵中を数十キロ、行軍する時、落伍すると、即、死が待っている。日本陸軍は、世界でもっとも歩いた陸軍である。弱い体力や精神力では行軍に耐えられない。

ゆえに、初年兵が戦場のほうがましだ、早く戦場に出たいと願うほど、内務班においては、徹底的にしごき抜いた。そして、いったん戦場に出ると、古兵の態度はがらりと一変し、いじめやしごきや体罰はなくなる。共に戦友として敵と戦うからである。

戦場では、古兵が盾となって、陰に陽に、初年兵を守る。行軍中、初年兵が落伍しかかると、古兵が銃や背嚢《はいのう》を背負ってやる。そういう肉体的、精神的な一体感があるから、帝国陸軍は世界最強だったのである。

尾木ママのような偽善的な平和主義者は、帝国陸海軍のことをまったく知らないだろう。軍隊は頭から否定する存在として軍隊を見ているはずだ。平和な時代の人間社会も、戦時も同じである。学校時代にきびしく鍛えるのは、社会に出て通用するためである。過保護で育った学生は、社会にでると脱落する可能性がある。

七年間、中国戦線で戦った直木賞作家の故伊藤桂一《いとうけいいち》は、名著の中の名著、『草の海（戦旅断想）』（文化出版局）で、こう語っている。「新兵が古参兵に服従し、伍長が少尉に敬礼するのは、新兵より古参兵、伍長より少尉が先に死ぬ、という根本原則が軍隊組織において成立しているからである。少なくとも、そのつもりでかれらは戦闘する。それでなくては戦争という業務は遂行することができない」と。

ここには、軍隊＝悪という戦後の偽善的なウソではなく、軍隊の真実の姿がある。だからこそ、わが父祖たちは、世界戦史の上でも、特筆すべき善戦敢闘したのである。もし同一条件だったら、ドイツ軍と日本軍は、世界最強だったといわれている。オリンピックではないが、後世の私達は、そのことを少しは誇りにしてもいいだろう。

●体罰もイジメも永久に無くならない

尾木直樹のように、理想論を言っても、体罰も、いじめもなくならない。人間社会からは永久になくならないと断言してもよい。人間は動物である。ならば、動物の本能として、体罰やいじめは、必然的に存在するものである。善悪で、体罰やいじめを断罪しても、絶対になくならない。

すべての物事には、正と反がある。長所と短所がある。人間社会において、絶対善、絶対悪というものはない。泥棒にも三分の理があると、昔の人は言った。戦争にも正と反がある。戦争は絶対悪ではない。ゆえに戦争はなくならない。戦後七十年間の日本人の平和信仰は、間違っている。ものごとには、正があれば反もある、ということに目をつぶってきたからである。

皮肉だが重要なことは、戦争は文明や文化を発達させるということである。戦争は科学・技術を生む。戦争は文明を発達させる。戦争は文化を進歩させる。人間の争いは文化・文明・科学・技術を進化させる。競争のない世界は何も生まない。結局、競争・争い・戦争は、人間進化の原動力である。

明治以来の昭和二十年の敗戦までの日本人には、戦争は日常的に存在していた。ゆえに戦前期日本人こそ、世の中を正しく見える人だった。戦後日本人は、ものごとを正しく見えない。世界的に見ても異常である。さらにその異常に気が付いていないから、よけいに異常である。

世の中が、絶対善であるならば、人間は進化しない。はるか昔に、人類は滅んでいたはずだ。世の中には、悪が存在するから人間は進化してきたのである。世の中の人が、すべて絶対善だったら、殺人鬼を説明できないではないか。民族間の虐殺事件を説明できない。なぜ人間には神が必要なのか。人間が絶対善でないから神の存在が必要なのである。社会には悪が存在するから神は必要なのである。すべからく人間社会は、正と反、善と悪、肯定と否定が存在する。筆者は、人生を、人間社会を、そう理解して生きている。これが三十八年間、弁証法としてのディベートを学んできた結果、得た教訓である。

第二章　スポーツ編

記念品を辞退した羽生結弦の勘違い

羽生結弦《はにゅうゆづる》が国民栄誉賞を受賞した。しかし記念品を辞退した。その理由が、イチローのように理屈っぽい。この男、国民栄誉賞を勘違いしている。羽生結弦の理屈は次の通りである。「みなさまを代表して、という気持ちがすごくあり、僕個人の気持ちはあまり出したくない」と言ったそうな。羽生結弦の弁は屁理屈であり間違っている。とんでもない考え違いをしている。国民に対して、失礼であり無礼である。

第一．国民栄誉賞における賞と記念品は表裏一体のものであって、分割することはできない。ノーベル賞の賞金と同じである。賞だけもらって、賞金は辞退するような「ど阿呆」はいまだかつて存在したことがない。そんな傲慢無礼な人間はいない。記念品（賞金）を辞退するならば、賞そのものを辞退せよ。そのほうが筋が通っている。あるいは記念品に該当する金を困っている人に寄付したらいい。

しかるに羽生結弦は、いいとこ取りし、記念品というモノは要らない、モノに執着しないと、イキがったのである。賞と記念品を分けるのは、自分に都合の良い解釈であり独善的である。

第二．国民栄誉賞の贈呈者は、総理大臣であるが、彼は代理人であって、贈呈主は、国民である。

一億二千万人の日本国民が差しあげる賞である。映画監督の是枝が、文科省の表彰に対して、公権力と距離を置くといったバカなセリフと同じ思考である。記念品は国民の善意の血税で贈呈するものである。賞も記念品も、国民からの善意であり好意である。すなおに、受け取るのが大人の振る舞いである。

第三．過去、国民栄誉賞をもらっている先輩達、王貞治《おうさだはる》、長嶋茂雄《ながしましげお》、松井秀喜《まついひでき》、高橋尚子《たかはしなおこ》、羽生善治《はぶよしはる》、伊調馨《いちょうかおり》、なでしこジャパンなど、に対して失礼であり無礼である。

羽生結弦の理屈に従うと、自分は記念品を辞退しカッコよく振舞い、記念品を貰った先輩達は欲張りということになる。だいたい長嶋や王は、そんな屁理屈を考えない。スポーツマンらしく単純にして純粋である。逆に野村や落合やイチローや羽生結弦は、理屈っぽい点で似ている。ゆえにこそ、長嶋、王、松井のような真のヒーローにはなれない。スポーツ選手はスポーツしてなんぼである。理屈は評論家に任せておけ。

賞はもらうが、記念品は辞退するとは、どういう意味だ。あまりも屁理屈であり、キザである。野暮天である。モノには執着しない。モノなど欲しくないと君子ぶっているが、羽生結弦は、自分が言っていることとの矛盾に気がついていない。羽生結弦は頭が良さそうで、弁が立つが、物事の本質が分かっていない。やはりまだ未熟である。

羽生結弦は、無意識のうちに、自分をひとり、高みにおいて、上から目線で、先輩達は記念品を欲しがる俗物とみている。国民からいただいた賞だから、素直に、ありがたくいただけばいいのである。個人の価値観や思想・哲学を出すべきではない。

それにしても、有名になると、周りや先輩が羽生結弦に注意してやらないのだろうか。

「羽生結弦君、それは違うよ、国民栄誉賞と記念品は表裏一体のもので、分けることはできないよ。辞退することは、先人たちに対して大変失礼なことだよ」

と、忠告する先輩や友人はいなかったのか。

だいたい、この手の一匹狼は、才能が突出している。必然的に人の意見など聞かない。そういう意味では、独創的である。しかし、独創的とはイコール唯我独尊になる可能性が高い。

受賞には旬《しゅん》がある

過去、国民栄誉賞を辞退した人は、福本豊《ふくもとゆたか》やイチローである。しかし、今後、福本豊には二度目の国民栄誉賞の打診はない。残念ながら、過去の人だからである。イチローは引退した後にいただくと言ったが、二度目の打診はないだろう。賞には旬《しゅん》というものがある。多くの場合、全盛時代の選手に対して授与される。世間の人気も沸騰している。誰も反対しない。文句なしの受賞である。

イチローは、引退した後でもらうと言った。その言い分には、将来も人気があり続けるという前提がある。しかし、人の気持ちはうつろいやすい。イチローが将来欲しがっても、時はすでに遅い。旬はすぎ、人々の気持ちはイチローから離れている。さらに、その時代には、新しいヒーローやスターが出現している。そうするとイチローへの打診などなお一層ありえない。イチローも過去の人である。

国民栄誉賞は、あの時の全盛期の、イチローに対して授与を打診したのである。ゆえに国民も盛り上がったのである。しかし、あの盛り上がりは、あの時の話である。将来は分からない。まさに山本七平《やまもとしちへい》の言う「空気」は、すでにかき消えているだろう。すべからく、人の好意はありがたくいただくものである。

国民栄誉賞の勘違い……ネーミングが悪い

●国民栄誉賞の主語は誰だ

ずばり言って、国民栄誉賞はネーミングが悪い。国民とは誰だ。天皇陛下か、総理大臣か、巣鴨のオバチャンか、ナンバ花月で大口開けて笑っているオッサンか。

すべからく賞は、権威ある立場の人から授与されてこそ価値がある。国民栄誉賞では主語が曖昧である。国民が主語になっている。これでは、町内のオッサン、オバハンが授与することになる。巣鴨のとげぬき地蔵のバアさんが授与することになる。渋谷の金髪ギャルが授与することになる。銀座のママさんが授与することになる、このほうがまだましか。

授与する主体が権威ある人間でない。総理大臣が授与しているのだから、ずばり「総理大臣賞」のほうがいい。総理大臣は日本国の最高の権力者だから、授与者として最もふさわしい。具体的であり権威がある。

●天皇賞を創設すべし

日本には、総理大臣よりも、はるかに偉大な最高権威がおわす。畏れ多くも天皇陛下である。

天皇陛下から授与される賞こそが、日本国の最高権威の賞である。国民栄誉賞ではなく「天皇賞」か、「天皇栄誉賞」として、天皇陛下からいただく最高賞とすべきである。

イギリスは大変参考になる。イギリスにはガーター勲章《くんしょう》（英：Order of the Garter）がある。一三四八年にエドワード三世によって創始された、イングランドの最高勲章である。正式なタイトルは"Most Noble Order of the Garter"（最も高貴なガーター勲章）という。

その他、軍人に対しては「ヴィクトリア十字章」がある。これは敵前におけるもっとも勇敢な行為に対する賞である。敵前ではない場所での最も勇敢な行為に対しては「ジョージ・クロス」がある。自らの危険を顧みずに勇敢な行為や大事故を防いだ行為である。

●日本の勲章

内閣府のホームページを見ると、次のようになっている。

『我が国の勲章には旭日章《きょくじつ》、宝冠章《ほうかん》、瑞宝章《ずいほう》の3種類の勲章があり、それぞれの勲章に功績の大きさに応じた勲一等から勲八等までの8つの等級区分がある。さらに、これらの上位の勲章として3つの勲章（大勲位菊花章《きっか》頸飾《けいしょく》、大勲位菊花大綬章、勲一等旭日桐花大綬章《とうかしょう》）がある』。

ようするに、現行の勲章は五つである。すなわち、**菊花章**、**桐花章**、**旭日章**、**瑞宝章**、**宝冠章**の五つであるが、これに**文化勲章**をいれると六つになる。それをさらに分類すると合計二十二種となる。その序列は次のようになっている。

一．大勲位《だいくんい》菊花《きっか》章頸飾《しょうけいしょく》、二．大勲位菊花大綬章、三．桐花大綬章、四．旭日大綬章・瑞宝大綬章・宝冠大綬章・文化勲章、五．旭日重光章・瑞宝重光章・宝冠牡丹章、六．旭日中綬章・瑞宝中綬章・宝冠白蝶章《しろしちょうしょう》、七．旭日小綬章・瑞宝小綬章・宝冠藤花章《とうかしょう》、八．旭日双光章・瑞宝双光章・宝冠杏葉章《きようしょう》、九．旭日単光章・瑞宝単光章・宝冠波光章。

なぜ叙勲制度は複雑怪奇なのか……庶民にはよくわからん

ざっくり言って、勲章は、戦前はもちろんのこと、戦後も簡略化されたが、複雑怪奇である。庶民にとって縁遠いので、よけいにわけが分からない。しかも受賞するのは皇族、政治家、裁判官、官僚、公務員である。危険業務従事者叙勲受章者として、自衛官、警察官、海上保安官、刑務官などが叙勲する。

民間人にとっての最高勲章が「桐花大綬章」である。これは、「大勲位菊花章頸飾」「大勲位菊花大綬章」に次いで三番目という勲章である。明治二十一年に旭日章の最上位として追加制定され、二〇〇三年の栄典制度改正により独立した。

民間人に授与される最高勲章だが、衆参両議院議長や最高裁判所長官などへの授与が多く、民間人の受章者は少ない。財界人の生前叙勲は、土光敏夫氏、松下幸之助氏、平岩外四氏、豊田章一郎氏の四名のみ。ソニーの井深大氏も受章しているが、没後叙勲だった。

ようするに勲章は圧倒的に政・官優位で、民間軽視である。叙勲の七割が政・官で、民間は三割だそうだ。叙勲とは政治家とお役人のための制度である。

●官優先、民軽視である

また不思議なのは、危険業務従事者として、自衛官、警察官、海上保安官、刑務官などが叙勲する制度がある。その内、警察官の叙勲が五〇％以上を占める。

しかし危険なのは、彼らだけではない。サラリーマンも、ビジネスマンも、電車・バス・タクシーの運転手も、百姓も、漁師も、商店主も、鍛冶職人も、香具師も、みんな危険である。危険でない職業はない。

新聞をみると、写真入りで「山田巡査は地域に貢献した警察官です」と表彰されている。しかし、不思議である。警察官も、自衛官も、消防士も、みんな職業として選択したのである。特別に国民が頼んだわけではない。任命したわけではない。サラリーマンと何が違うかと言いたい。

その上、国民の血税で生活しているのである。税金を使いながら、その上、表彰するとはまったく合点が行かない。すべの職業は平等であって、貴賤や上下の区別はない。なぜ、公務員を優先するのか、筆者は大いに疑問を呈するとともに、怒り心頭である。

戦前は将軍や将校は、儀式のとき、胸に勲章をずらりとぶら下げていた。叙勲の機会が多かった。しかし、一兵卒にも叙勲の機会が用意されていた。それが金鵄勲章《きんしくんしょう》である。金鵄とは、神武天皇の東征の時、弓矢の上にとまった金色の鵄《とび》に由来する。

金鵄勲章については、筆者の住んでいる横浜では見たことがないが、わがふるさと、四国徳島市の眉山《びざん》の中腹には、神武天皇の像が立っている。子供のころ、よく遊びに行った場所である。戦争中、金鵄は供出されて、像には金鵄は付いていなかったが、金鵄の由来は、しばしば父親から聞いたものである。

金鵄勲章は、戦場において抜群の勲功を働いた兵士に与えたものである。戦場では将校も兵隊もない。勇敢なる兵隊が偉いのである。戦前のような身分制度がきびしい社会でも、戦場は別だ、平等であることを、将軍も、一兵隊も知っていた。ゆえに金鵄勲章が存在したのである。兵隊を動機づけ、働いてもらわないと、戦争には勝てないからである。

●労働者サラリーマンのための金鵄勲章をつくれ

戦後は民主社会になった。しかし叙勲制度をみれば、厳然たる民間への差別が存在する。戦前は、庶民（兵隊）のために金鵄勲章があった。しかし今は庶民のための栄誉は存在しない。危険業務への叙勲も官のみである。

日本を支えているのは、圧倒的な数のサラリーマンと労働者諸君である。日本のGDPに貢献しているのは圧倒的に彼らである。さらに言うと、彼らを支えている主婦がいる。血税泥棒の政治家諸君に告げる、「サラリーマン、労働者、そして主婦のための、現代版の金鵄勲章を作れ」と。

●尾畠春夫さんこそ国民栄誉賞だ

山口県で二歳の男の子が行方不明になった事件があり、日本全国のみんなが心配していたところ、八月十五日、尾畠春夫《おばたはるお》という七十八歳のジイサンが、突然、登場し、救出してしまった。あっという間の電光石火の早業である。しかも、このジイサン、いっさいの申し出を断って、さっそうと去っていった。あまりのカッコ良さに、神様・仏様と言う人まで出てきた。世の中には、こういう無償の愛に生きる人がいるのである。日本も捨てたものではないと思った。救出したのが八月十五日という日本人にとって特別な日である。英霊の導きというのか、不思議なものを感じる。

西郷隆盛には次のような有名な言葉がある。「命もいらず名もいらず、官位も金もいらぬ人は始末に困るものなり、この始末に困る人ならでは、艱難《かんなん》を共にし、国家の大業はなしえぬなり」。尾畠春夫さんは、この言葉のような人である。この人こそ、国民栄誉賞に最もふさわしい。ネットを見ると、アメリカならば、ホワイトハウスに招待しているだろうと書いてあった。

しかるに、わが安倍総理の動きは鈍かった。二歳児が救出されたのが八月十五日、世間が尾畠春夫さんの行動を称賛している最中の翌日八月十六日、安倍総理はゴルフ三昧であった。なんという鈍感さであるか。気の利いた安倍総理のスタッフがいたならば、総理にアドイスし、ただちに談話を発表するべきだった。もっと気が利くならば、尾畠春夫さんの自宅に行って、「ご苦労様、国民を代表して感謝します」と、ひとこと声をかけたら、安倍さんの支持率は跳ね上がっていただろう。こういう気配り、心配りがない。これが、安倍さんが、もうひとつ人気が上がらない理由である。ここ一番、勝負の時のセンスがない。

甲子園・有名私立学校の勘違い

●私立巨大高校の時代……高校野球がつまらん

筆者はもともと甲子園の高校野球の大ファンであった。若いころ、大阪に住んでいた時、春夏の両大会に、仕事をさぼって、甲子園に見に行ったものである。大阪から仲間と一緒に、タクシーを飛ばして甲子園まで行った。甲子園球場では、万が一にでも、テレビ中継に映らないか、心配したことをおぼえている。

しかし、ここ二十年くらいは、高校野球に興味を失って、テレビ中継をまったく見なくなった。新聞の甲子園の記事も見なくなった。ただし故郷徳島の予選だけは、新聞の小さな記事で確認している。

さて高校野球に興味を失った理由はこうである。

第一．かつての名門高校が出場しなくなったことである。たとえば、四国ならば、四国の四商、すなわち松山商、高知商、高松商、徳島商である。

第二．巨大な私立高校が全盛となったことである。今や、甲子園の優勝校は、巨大私立高校ばかりである。

第三．高校野球の神髄は、郷土の代表が郷土を代表して戦うという点にある。ここが高校野球の醍醐味であり、楽しみであり、胸が高鳴る点である。郷土を代表しない高校野球は、都市対抗野球と同じである。都市を代表せず、実態は大企業の野球部の戦いである。巨大私立高校は郷里を代表していない。越境入学の他府県の人間ばかりである。

わが故郷四国を例にとってみよう。四国の野球の名門高校は、①わが故郷徳島では、池田高校、徳島商業高校、鳴門高校、撫養《むや》高校、鳴門工業、海南高校である。池田高校は言うまでもないだろう。名将蔦監督を擁して、優勝し、全国的に有名になった。徳島商業は、現タレント板東英二《ばんどうえいじ》の三振奪取八三個は、今も破られず、燦然《さんぜん》と輝く甲子園記録である。海南高校は、ジャンボ尾崎《おざき》を擁して、春の選抜大会に優勝している。

②香川県は、高松商業、高松高校、丸亀商業、坂出商業である。③高知県は、高知商業高校、土佐高校、高知高校である。④愛媛県は、松山商業、今治西高校、西条高校で、宇和島東高校などである。

四国の甲子園出場校は、戦前からの歴史的な名門高校である。しかし、最近は、四国にも、私立高校全盛の波が押し寄せている。高知の明徳義塾、香川の尽誠学園、愛媛の済美である。徳島県には野球の強い私立高校はない。これは奇蹟的であり、私の誇りである。明徳義塾などは、突然、高知県に舞い降りてきた落下傘高校である。地域との密着はまったくない。たまたま高知県に舞い降りただけで、どこでもよかったのである。

●明徳義塾は高知県の学校ではない

明徳義塾は高知県の高校だが、県外の出身者が七割を占めており、筆者などはわが四国の高校だと認めていない。海外からも留学生も多い。スポーツの学校として有名である。元横綱朝《あさ》青龍《しょうりゅう》の出身高校である。

巨大な敷地を持って、全生徒は何らかの部活動に参加することになっている。高校の創立は一九七六年（昭和五十一年）だから、歴史は浅い。先にあげた高知県の高知商業は創立一二〇年である。ゆえに、高知商業は郷土の高校だが、明徳義塾は、突然人工的に作った学校である。高知県の土着の高校ではない。

明徳義塾が問題なのは、一九九二年の甲子園で、星稜高校の松井秀喜を五打席敬遠したことである。監督の馬淵史郎《まぶちしろう》が勝つために敬遠策をとったのである。勝つために練習し、出場しているからと馬淵は強弁した。まさに勝利至上主義であり、勝つためには何をしてもいいという発想である。

馬淵はとんでもない誤解をしている。

第一．甲子園の野球は高校生の野球である。勝利がすべてのプロ野球ではない。アマチュア野球であり、最も重要なのは教育の一環であるということである。

第二．高校野球の神髄・フェアプレーの精神に反している。さらに言うと、正々堂々と勝負することは、すべてのスポーツの根本原則である。大リーグでも、不必要な策を弄すると、ブーイングを食らい、相手チームから報復を受ける。まして高校野球の根本原則はフェアプレーである。正々堂々と勝負することは、長い歴史をもつ甲子園野球の伝統であり文化である。

第三．高校野球は武士道精神を体現しているスポーツである。武士道精神は高校野球の暗黙知である。武士道は、日本が世界に誇る文化である。日本の高校野球は、長年にわたって、暗黙のうちに、わが日本の伝統文化である武士道を伝えてきたのである。甲子園の大会は、大正四年（一九一五年）の第一回大会から百三年である。馬淵監督は甲子園の長い歴史に汚点を残した。当人は正しかったと思っているそうだが、こういう人物は監督はもちろん教育者として失格である。

第四．明徳義塾の馬淵野球は高知県の野球ではない。明徳は、長い歴史をもつ高知県の高校野球の歴史にも汚点を残した。高知県の野球は、たとえば、土佐高校のように、全力疾走の野球である。高知商のように、小手先を弄しない野球である。

かつて昭和五十三年夏、決勝で、ＰＬ学園に逆転サヨナラ負けし、号泣する二年生エース森浩二投手に対して、翌日の新聞は「泣くな森、甲子園は君を忘れない」と書いた。筆者も泣いた一人であった。

●明徳義塾は、人里離れた半島に忽然と現れた学校である

明徳義塾は、完全に地域と切り離された学校である。町から離れた半島の中に、独立して立地している。あれでは地域との密接な交流はできない。その証拠に、高知県では不人気である。明徳の野球部に高知県人がいないからである。郷土を代表していない。

明徳義塾は、高知県の須崎市から、約二十キロ、人里離れた横浪半島の奥に忽然と建物群がある。近くに町はない。完全に地元と分離された高校である。人里離れた半島の奥地に、空から舞い降りたように学校を作ったのである。

この高校を卒業した人は、高知県になんの愛着もないだろう。卒業生のプロゴルファーの松山英樹も横峯さくらも、高知県には縁のない人である。野球や相撲やゴルフをするために通っただけの学校である。学校とは、いったいなんだと思う。大学は別として中学や高校がこれでいいのか疑問である。

●過去十年、甲子園の優勝校はすべて巨大私立高校

四国が象徴するように、全国的にも、戦前からの名門公立高校が、甲子園で勝ちぬくことが困難になっている。過去十年、二〇〇八年から二〇一七年までの優勝校は次の通りである。大阪桐蔭、中京大中京、興南、日大三、大阪桐蔭、前橋育英、大阪桐蔭、東海大相模、作新学院、花咲徳栄。すべて私立高校である。公立高校は皆無である。準優勝校の一〇校もすべて私立高校である。

公立高校の優勝は二〇〇七年の佐賀北高校で途絶えている。しかも、佐賀北高校の優勝も、一九九六年の松山商業の優勝から数えて十一年ぶりだった。

結局、公立高校の優勝は九〇年代は、二校(九四年の佐賀商、九六年の松山商業)のみ。二〇〇〇年代は、〇七年の佐賀北高校の一校のみである。九〇年代から二〇〇〇年代へと、ますます公立高校の優勝は絶望的になってきた。

●甲子園高校野球の終焉

今年二〇一八年夏も巨大私立高校(大阪桐蔭)が優勝した。

そして、筆者は、ますます高校野球から離れる。しかも、東京や大阪や名古屋などの大都市圏の高校が優勝する傾向にある。埼玉(花咲徳栄)や群馬(前橋育英)や栃木(作新学院)の優勝

校は、関東・東京圏の学校である。

すなわち、首都圏や中京圏や関西圏の私立高校が優勝し、四国や九州や中国や北日本の公立高校が優勝する確率は低い。高校野球の都市対抗野球化である。プロ野球化である。そして高校野球の終焉である。

相撲協会の勘違い

●栃若時代、大相撲人気は沸騰した

大相撲の場所が始まると、毎日、取り組みを見ている。子供の頃から言うと、かれこれ六十年である。とくに鏡里、千代の山、東富士、照国を見た世代である。双葉山はすでに引退し、理事長をしていた。

その後が、栃錦《とちにしき》・若乃花《わかのはな》の時代である。とくに若乃花の人気は半端でなかった。この二人の横綱同士の全勝決戦は、相撲史にのこる名勝負だった。手に汗を握ると形容できるような決戦は後にも先にも、栃若の決戦だった。

栃若の決戦での土俵を揺るがすようなどよめきと、大歓声は、今の相撲ファンには、想像を絶するだろう。若乃花が、花道に現れただけで、館内はワーンという大歓声である。それは、

それは、ものすごい大音量である。その後、長い間、相撲を見てきたが、若乃花の人気は空前絶後だった。

栃若の十四勝同士の千秋楽の全勝決戦がいかに凄まじいものであったか。筆者も、家族も、テレビにかじりつき、すべてを忘れて勝負に没頭したものである。勝負がついた後、気がつくと、しがみついている冬の電気こたつを、夏は机を、胸で、押して、押して、押しまくっていた。

若乃花が敗けると、小学生の筆者の機嫌が悪く、「声をかけるな」と言われたものである。当時の若乃花人気は絶大だった。その後、大鵬が出てきたが、若乃花人気には足元にも及ばなかった。さらに、後の貴乃花の人気も、若乃花人気には、とうてい及ばない。場内を揺るがす大歓声は、今も、脳裏にありありと残っている。優勝パレードには数十万人が集まり、都電はストップし、部屋に帰るのに三時間もかかったそうである。

●突き、押し、叩き込みの単調な取り組み

当時の相撲はがっぷり四つに組むのが普通であった。そこから取り組みが始まった。だから水入り相撲は日常的にあった。若乃花が関脇のとき、横綱千代《ちよ》の山との勝負は、水入り取り直しで十七分十五秒もかかった。昔は、水入り相撲は当たり前の光景だった。水入りのない相撲

はなかった。

　しかし、今は、相撲の取り組みが、あまりにも単調で単純である。技を繰り出し合う複雑な攻防がまったくない。だいたい四つに組まない。突き、押し、叩き込みの三つで、幕内のほぼ全取り組みが決まっている。

●ブタとブタのぶつかり合い

　突き、押し、叩きだけの単調な相撲になった原因は、第一に、ハワイの外国人力士の登場からである。あの巨体に対抗するには、太らせてぶつかる方法が最適となる。

　第二は、現在の土俵の広さに適応し、勝つためには、体重は殖やして、ぶつかるほうが四つに組むよりも、早く勝てる。肥満力士は、現在の土俵の大きさに適合していることになる。環境が肥満力士を作ったのである。

　昔は、栄養が十分ではなく、太ることが困難だった。激しい稽古と、貧しい食事が、筋肉質の体型を作り上げていた。栃錦も、若乃花も、朝潮も、筋肉質であった。必然的に四つに組む相撲が主流だった。

　結局、現在の土俵の広さと、ハワイ出身力士の登場と、栄養十分な食事が、肥満体力士に有利だった。だから、力士はひたすら体重を増やすことに集中した。その結果、技は、突き、押し、叩きの三つが主となった。

だから、力士は、ひたすら食って、寝て、太らせることばかりをやった。その結果、相撲は単調な取り組みになった。かつての相撲を知る人間には、現在の相撲は、相撲の醍醐味がまったくない。ブタとブタが土俵でぶつかるだけのスポーツに堕した。ある外国の政治家が、日本の大相撲を評して、肥満人間のぶつかり合いであると、バカにした。たしかに、鍛え上げた筋肉質の肉体を賛美する欧米人からみると、ブクブクと太った肥満力士は、醜いものに映るだろう。しかも単調な取り組みをみると、余計にそう思うだろう。

●大相撲の改革試案

第一は、土俵を広げることである。

現在の広さは、昭和六年に決定した広さで、直径十五尺（四・五五メートル）である。江戸時代から昭和の改革までの広さは十三尺（三・九四メートル）であった。

昭和の改革で六十一センチ広げている。これは大胆な改革である。六十一センチも広げると、相撲の取り組みは、劇的に変わっただろう。しかし現在の相撲協会には、昭和の改革のような大胆な改革ができるかどうかである。

第二は、食事改革である。

伝統的な食事をすると、栄養過多の現代では、必然的に肥満になる。しかも、ビールを飲み、昼寝すると、肥満になるのは当たり前である。昔は、栄養不良だった。だから、ビールを飲み、昼寝して、体重を殖やしたのである。それでも、栄養不良時代には、太らないのである。

第三は、稽古時間があまりにも少ない。

現在の相撲部屋は稽古時間が少なすぎる。驚くなかれ、相撲取りの稽古は、幕内力士の場合、わずか一日一回、約一時間半〜二時間である。これでは肥満になるのは当然である。野球ならば、一日中、七時間も、八時間も、練習している。夜も素振りを行う。サッカーでも、水泳でも、陸上でも、練習時間は一時間半や二時間ではない。ありえないほどの少ない練習量である。ようするに、肥満すると、必然的に稽古量が少なくなる。昔、力士が痩せていた時代のほうが、はるかに稽古量が多かった。やせたほうがけいこ量は自動的に増える。いくら稽古しても疲れないからである。

しかし、肥満は、すぐに息が上がり、稽古が続かない。肥満はけいこ量を減らし、減量はけいこ量を増やす。今の肥満体から考えると、もっと稽古しないと、肥満は解消しない。稽古量を殖やしてやせるのか、稽古量が同じならば減量するかである。

さらに体重が増えると、ケガが多くなる。巨大な体重を、足が支えきれないので膝が故障する。昼寝をやめるか、ウォーキングを積極的にやるか。

いずれにしても、あの肥満体の解消がなによりも最優先する。あの肥満ではケガ人ばかりが増える。ケガが力士の寿命を短くする。とくに、膝にサポーターを巻いた力士ばかりである。かつて、大相撲の力士を、美しいと形容したが、今、肥満で醜いとしか言いようがない。

白鵬の勘違い

スポーツ界の勘違い男は白鵬《はくほう》につきる。これほど勘違いしている男は空前絶後といってもいいくらいだ。

第一．日馬富士の暴行事件の黒幕は白鵬である。貴ノ岩《たかのいわ》を呼び出し、態度が悪いと文句をつけたのは、モンゴル会の白鵬と日馬富士《はるまふじ》と鶴竜《かくりゅう》である。相撲取りは、ほかの部屋の力士と親しくするのは禁止ではないが、良くないことである。八百長が疑われるからである。ところが、モンゴル会は、その伝統を破った組織である。それの親分が白鵬である。

第二．平成二十九年の十一月場所で、嘉風《よしかぜ》戦において、取り組みが終わった後、勝負に文句をつけて、退場しなかった。これは明治以降、百年の相撲史の中で初めての不祥事である。あの時、即刻、退場を命じ、無期限出場停止にしなかったか。責任者の八角《はっかく》親方は優柔不断である。秋霜烈日《しゅうそうれつじつ》のきびしさを持てといいたい。

第三．張り手とかち上げの多用である。横綱が絶対にやってはならない手である。この男、見苦しいし、汚い。横綱とは「美しい存在である」という日本の相撲道の伝統を破壊した。いつまでも出場する姿は醜くて、哀れである。横綱の名を汚す。

第四．あまりにも、醜くて、ぶ格好な横綱土俵入りである。歴史と伝統ある不知火型をぶち壊した。足は上がらない。手は縮んだままである。不知火型とは両手を出してせり上がる型である。ところが、白鵬は片方ずつ出すのである。雲竜《うんりゅう》型を兼ねているつもりか。いったいこの男は何を考えているのだ。はっきり言えることは、日本の相撲道を馬鹿にし、コケにし、舐めていることだ。白鵬の土俵入りを、筆者は変形モンゴル踊りと命名している。

鈴木大地の勘違い

●武士道精神に欠ける

三つの写真を見てほしい。①は、相撲協会の八角理事長が鈴木長官の前で頭を下げて謝罪している写真である。②は、日本レスリング協会の福田会長が謝罪している写真である。③は、アメフトの日本協会と関東学生連盟の幹部が謝罪している写真である。

この光景を、日本語では、「平身低頭している、最敬礼している、詫びをいれる、米つきバッタのように頭を下げている」などと描写する。この写真を見て、ずばり言うと、鈴木大地《すずきだいち》には武士道精神がない。すなわち惻隠《そくいん》の情がない。たしかに不祥事を起こした相撲、レスリング、アメフトであるが、テレビカメラの前で、はずしかめる必要はない。降参して軍門に下った敵将である。日本には武士道というものが存在するのである。それなりに遇してやるのが武士道精神である。

とくに写真③は、後ろで腕を組み、そっくり返っているのはよくない。鈴木長官は、こういう場面を経験したことがないから、どう振る舞っていいかわからないのであろう。しかし、そ

①鈴木長官と八角理事長

②鈴木長官と福田会長

③鈴木長官とアメフト関東連盟の幹部

こに人生経験がモノを言うのであるが、鈴木大地はエリート街道をあゆんできただけに、下々のことを知らない。

まず①は、テレビカメラの前で謝罪している姿を映してはならない。恥をかかせることになる。②は鈴木長官も、同時に、礼をするべきである。そっくり返る必要はない。鈴木長官がお辞儀をしても、手心を加えているとはだれも思わない。権威が下がる訳ではない。鈴木長官は、やはり人生経験が足りない。こういう場合の大人の振る舞いを知らない。

スポーツ庁長官には政治力が必要である。たしかに鈴木大地に政治力を求めるのは酷である。彼はスポーツマンであって政治家でも官僚でもない。どのような経緯で鈴木大地を任命したのか知らないが、著名な金メダリストだからというのでは、あまりにも無責任である。その証拠に、レスリング問題、日大問題、ボクシング問題などに対して、適宜適切な対応が取れていない。それは林芳正《はやしよしまさ》文科大臣も同じである。林大臣は、有能な人だけに、今回の一連の事件での対応が曖昧模糊《もこ》として、毅然《きぜん》たる決断がないのが惜しい。リーダーというものは、秋霜烈日の厳しいリーダーシップを発揮することが絶対条件である。

●三跪九叩頭の礼でもあるまい

シナ帝国には三跪九叩頭《さんききゅうこうとう》の礼というのがあった。

第一回、「跪」（ひざまずけ）の号令で、跪き、

「一叩（または『一叩頭』）」の号令で手を地面につけ、額を地面に打ち付ける。

「二叩（または『再叩頭』）」の号令で手を地面につけ、額を地面に打ち付ける。

「三叩（または『三叩頭』）」の号令で手を地面につけ、額を地面に打ち付ける。

「起」の号令で起立する。

この同じことを第二回、第三回と、計三回繰り返し、合計九回、「手を地面につけ、額を地面に打ち付ける」。究極の礼である。シナの冊封国《さくほうこく》の使節が北京に行った時、シナ皇帝の前で行った。あるいは、シナ皇帝の使節を自国に迎えた時、使節の前で、冊封国の王が行った。

この時、使節を迎える門が、朝鮮国ではソウルの「迎恩門」である。琉球王国では、那覇首里にある「守礼門」の前で、琉球王が三跪九叩頭の礼を、シナ皇帝の使節に行った。ゆえに守礼門は日本人として恥ずべき門である。

●守礼門は日本の恥である

約二十年前、筆者が沖縄に行った時、守礼門《しゅれいもん》を見た。しかし、当時は、沖縄戦の戦跡をめぐるのが目的だったので、守礼門について深く考えていなかった。それよりも守礼門の近くにある沖縄の第三二軍の司令部跡が廃墟となっていることに愕然とした。

沖縄防衛の日本軍は、牛島満《うしじまみつる》中将（司令官）以下、地下に張り巡らされた堅固な洞窟司令部をつくり、米軍を迎え撃った。その小さな入り口が草で覆われ、ひっそりと穴らしきものが見えた。あまりにも哀れだった。守礼門は観光名所となっているが、シナ皇帝のための三跪九叩頭を行った民族としてまことに恥ずべき門である。

それに対して、第32軍司令部壕は日本防衛の拠点だった。数十万人の兵隊、軍属、沖縄人が、司令部とともに、国のために戦った。あまりにも司令部壕の無残な姿に心底怒りが込み上げた。同時に、速やかに守礼門をぶっ壊し、第32軍司令部壕を戦跡として整備し、お祭りすべきであると思った。司令部壕を、廃墟のままにすることは許されざる蛮行である。司令部壕とともに戦い、尊い生命を投げ出した人に対して、今生きているわれわれは、心から謝罪しなければならない。

サッカー編——中田英寿の勘違い

●歌を忘れたカナリア……本業を忘れた過去の人

中田英寿《なかたひでとし》という元サッカー選手がいる。歌を忘れたカナリアである。たしかに、一時代を築いた男である。しかし、引退後は、職業不詳である。テレビでは、ワインを飲んでいる図とか、陶芸のロクロを回している図とか、海外旅行をしている図とか、が放映されている。

現代の若い人には、もう過去の人だろう。サッカー選手中田英寿の栄光もブランドも通用しない時代になっている。しかるに、当人は、まだそのことに気が付いていない。いかつい顔をした男が、芸術家を気取り、したり顔して、あっちこっちの場面に顔を出している。テレビ局も、中田の古い時代を知っている人間が、プロデュースしているのだろう。若いテレビ人は、「中田って何者?」と思っているはずだ。

彼の勘違いは、サッカーという本業を忘れていることである。歌を忘れたカナリアは、価値がないのである。中田英寿が中田英寿であるのは、彼がサッカー選手だからである。長嶋茂雄が長嶋として偉大なのは、巨人の四番サード長嶋だからである。王貞治も同じである。野村も、落合も、ご同様。三浦カズがカズであるのは、今も現役のサッカー選手として、輝いているからだ。

サッカーを忘れた中田はただのオッサン、しかも、いかつい顔をしたただのオヤジにすぎない。人間存在のよって立つ基盤を忘れていることに中田の悲劇と喜劇がある。中田は、おのれが何者であるかを忘却している。サッカーでの中田ブランドが、ほかの世界でも、通用すると錯覚している。

彼がほかの世界で、何をやっても、ただの素人に過ぎない。今、中田を尊重しているのは、かつてサッカー界のブランド男だったゆえに、もてはやし、尊敬し、遠慮しているだけである。しかし、時代が進み、中田ブランドを知らない世代になると、「俺は中田だ」と言っても、何の権威も威光もない。ただの過去の人である。

●天才は失敗を認めない、ゆえに失敗する

致命的なことは、中田はS級ライセンスをもっていないことである。S級ライセンスを持たないと、サッカー界では監督はできない。Jリーグの監督としてチームを率いることはできな

い。S級ライセンスをとるには、D級、C級、B級、A級と順番にライセンスを取得して、最後がS級である。長年、地道な指導者養成のコースを受講し勉強する必要がある。

ラモス瑠偉《るい》も、長谷川健太《はせがわけんた》も、城も、武田も、前園も、みんなS級ライセンスを持っている。みんな地道に勉強してきたのである。今は華々しくタレント活動している人も、いつでも指導者としてピッチに立つことができる。S級ライセンスをもっているからである。

なぜ持たなかったのか、中田英寿の心の中を知ることはできないが、中田のような天才肌の人間は、イチローや羽生結弦と同じで、独創的であるが、人の忠告を聞かない天上天下唯我独尊になる。しかも天才は失敗しなかった人生だから、失敗を認めない。ゆえに反省はない。ゆえにもう一度、勉強しなおそうという精神は皆無である。これが巨視的に、長期的に、戦略的にみると、失敗となる。皮肉にも失敗を認めないゆえに失敗となる。

ゴルフの勘違い……片山晋呉と傲慢ジジィ

片山晋呉《かたやましんご》プロが、プロアマ戦で、不適切な行為をしたという理由で罰せられる事件があった。二〇一八年五月三十日、「日本ツアー選手権森ビル杯」の開幕の前日だった。片山晋呉選手が、不適切な行為を行い、招待客が怒って帰ってしまった事件である。青木功会長や石川遼選手会長が謝罪した。

ものごとを正と反の弁証法で考える筆者としては、片山晋呉と招待客の両方の視点で考えてみた。まず片山晋呉の態度がどのようなものだったかわからないので、意見の述べようがない。しかし、招待客の態度はわかっている。怒って帰ったのである。その上、クラブハウスで「青木会長を出せ」と怒鳴ったそうだ。ここから判断すると、まず怒って帰ったジジイ（ジジイと命名しておく）には大きな勘違いがある。

第一．ジジイの態度は、紳士のスポーツとしてのあるまじき振る舞いである。

片山晋呉がどんな行為をしたかは不明であるが、怒って帰ったジジイの態度は、紳士のスポーツとしてのゴルファーとして許されない態度である。このジジイは、年齢からみても人生の大先輩なのだから、年下の片山晋呉に対して、『片山さん、教えてくれないか。どう打てばいいのだろう』と、質問攻めにしたらよかった。日本のトッププロと回る絶好のチャンスである。教えてもらうことは山のようにある。怒って帰った、このジジイは大人ではなくガキである。

第二．このジジイは、何様かしらないが、おのれを勘違いしている。

今回のゴルフ大会は、企業がスポンサーであって、ジジイは、主催者でもないし、スポンサーでもない。一招待客にすぎない。たとえ主催企業の社長が出場していても、社長個人のゴルフ大会ではない。企業という公的な組織が主催者である。さらに企業の背後には、無数の消費者がいる。ゆえに消費者こそが真のスポンサーである。このジジイは、ただの招待客のくせに、おのれを勘違いした、傲慢無礼なただのジジイである。

第三：青木会長も、石川遼も、認識があまりも属人的である。

青木も、石川も、企業の組織論がわかっていない。あまりにも属人的である。スポンサーは企業であって、社長個人ではない。さらにいうと、真のスポンサーは企業の製品を愛顧している消費者である。社長はスポンサー（消費者）の代理人にすぎない。ゆえに、プロ選手は、社長に対して、媚びたり、太鼓持ちをする必要はまったくない。両者はプロアマ戦を戦う者として対等である。プロは、社長の背後にいる無数の消費者へのリスペクトの精神を、いつも持っていなければならない。アマは謙虚に振る舞わねばならない。

第四：一流選手に対するリスペクトを持て

片山晋呉は日本を代表する名選手である。アマにとっては、サッカーの本田、野球の大谷と一緒にプレーするようなものである。まずアマ側は、一流選手に対するリスペクトの精神が大前提である。教えてもらうという学ぶ精神が必要である。このジジイも棺桶に片足をつっこんでいるような歳である。冥途への土産として、片山晋呉に教えてもらう絶好のチャンスだった。

第五．片山晋呉の選手生命を決めるものはファンである。

片山晋呉の態度が無礼だったら、いずれファンから糾弾され、選手生命が終わるだけである。選手生命を決定するのは、ジジイでもなく、スポンサー企業の支社長でもなく、ファンであり観客である。片山晋呉を支えているのはファンである。ファンが支えているのが企業とその製品である。ファンが離れたら、片山晋呉も、企業も終わりである。

結論としては、青木や石川などのゴルフ協会の対応は、「スポンサーに媚《こ》びへつらえ、腰巾《こしぎん》着《ちゃく》となれ」と宣言しているようなものである。すなわち、ゴルフそのものが、あまりにも属人的な慣例やルールに縛られている。近代的組織論にもとづくスポーツに進化しないといけない。特定の個人やスポンサーに依存することからの脱却である。広く国民の支持にもとづくスポーツへ進歩・進化することを期待する。

日大理事長・田中英寿の勘違い

アメフトの危険タックル問題から発する「日大問題」は、まったく終息する気配がない。日大ブランドは低下するばかりである。卒業生と在校生は肩身を狭くし、四年生は就職にも悪影響がでている。事態を悪化させている最大の原因は、最高責任者である田中英寿理事長が、雲隠れしているからである。隠れれば隠れるほど事態は悪化するだけである。

田中という男は独裁者の典型的な行動をしている。古来から独裁者は、決して弱みを見せないし、謝罪をしない。もし謝罪をすると、過去、独裁者が行ってきた無数の悪行が暴かれ、断罪されるからである。

歴史をみると、ムッソリーニからルーマニアのチャウシェスクや、リビアのカダフィなど、独裁者は哀れな最期を遂げる。民主主義国家の日本においても、田中英寿は、いずれ哀れな最期を迎えることになるだろう。その前に表に出て謝罪すれば、悲惨な最期をさけることができるのに、それができないのが独裁者の独裁者たるゆえんである。

人間の品性は顔にでるというが、田中英寿の顔をみると、まさにその通りである。これほど品性下劣な顔はない。人相が悪いという表現があるが、まさに田中英寿の顔のことである。悪人顔であり、暴力団の親分顔である。最近、日本人の顔も穏やかになった。終戦直後には殺伐とした顔ばかりであった。しかし、平和になり、豊かになると、人間の顔は穏やかになる。ヤクザも穏やかな顔になっている。しかるに田中英寿だけは陰険で陰湿な顔である。田中の顔を見ると、日大には、今もなお、ヤクザの斬った張った世界と同じ体質のものがあるのだろう。

いったい田中英寿は、何を考えているのか。事態がここまで悪化しているのに、最高権力者としての責任感がまったくない。矜持も気概もない。よくぞこれで日大理事長などと言えたものである。日大三年生の宮川泰介《みやがわたいすけ》君のほうがはるかに立派である。若干二十歳の青年が、たった一人で、記者会見をした。見事な記者会見だった。それに反して、内田正人《うちだまさと》元監督や井上奨《いのうえつとむ》コーチの記者会見は言い訳ばかりで愚劣だった。まして雲隠れしている田中英寿は人間の屑である。まことに恥ずべき人間である。

山根元会長の勘違い……ヤクザも真っ青なヤクザ顔

突然、ふってわいたように、田中理事長に劣らないヤクザ顔の男が登場した。ボクシング連盟の山根明会長である。ところが、インタビューでヤクザとの交際が明るみにでて、スポーツ庁長官までもが辞任に値すると言った。

その結果、日本ボクシング連盟の山根明会長は辞任した。あのヤクザ顔で「自分の進退は自分で決める」と、啖呵《たんか》を切りながら、家に帰って「嫁に相談して決めた」と言ったのには、思わず吹き出した。

日大理事長の田中英寿もワルの顔をしているが、山根の顔はもっとすごい。完全なヤクザ顔である。態度や話し方は、ヤクザも真っ青である。今どき、こんな人種が生存していること自体が奇跡である。しかもスポーツ団体のアマチュアのボクシング連盟の会長である。

田中英寿といい、山根明といい、ワルはどうして、かくもヤクザ顔なのか。最初、山根の顔を見たとたん思わず笑った。あまりにもヤクザ顔だったからである。テレビを見ている多くの人も、吹き出したにちがいない。

山根は、山口組の組長や住吉会の組長と並んでも、何ら遜色がない。知らない組員が、山根を見たら、「オッス」と挨拶しそうである。しかも田中英寿と山根明が、握手している写真がネットにでている。類は友を呼んだのだろう。意気投合したのだろう。二人で、スポーツ界を牛耳ろうと話したのかもしれない。

この男の行状は無茶苦茶である。山根がホテルに入るときは、ずらりと並んで挨拶させる。ホテルの部屋には山根の好きな食べ物を用意させる。その中に森永ミルクキャラメルがあったのには笑いたくなった。山根は、御歳七十八歳だから、敗戦からまだ月日たっていない子供のころ、森永ミルクキャラメルは大変なご馳走だった世代である。

その他、大会の式典のときは、ほかの人間はパイプ椅子であるが、自分には、特別な革張りの高級椅子を用意させる。さらに、奈良判定といって、自分と同じ奈良県出身の選手には、判定で有利にする。奈良の選手が何度もダウンしたのに、なんとこの選手が判定で勝利した。審判は、山根の報復を恐れて、山根の言う通りの判定をしていたのである。スポーツにおいて、依怙贔屓をするとは、信じられない不正行為である。

株式会社では、監査役や取締役会や株主総会があって、経営者の行動はきびしくチェックされ、独裁者の登場はありえない。しかし、日大もそうだが、こういう団体では、チェック機関がなく、独裁者が現れる可能性が高い。そして、とんでもないことをするのである。山根の行為は明々白々に犯罪である。

感情むき出し・谷岡郁子学長の勘違い

レスリングで有名な至学館大学の谷岡郁子学長が記者会見した。至学館大学とは、吉田沙保里《よしださおり》や、伊調馨《いちょうかおり》などの金メダリストを輩出した大学である。伊調馨に対する栄和人《さかえかずひと》のパワハラ問題に対する緊急記者会見だった。

谷岡郁子学長が会見場に現れ、第一声を発した時から感情むき出しだった。終始一貫、自分に都合の良いことを、感情にまかせて喋りまくった。「自分は正義であり、マスコミは悪であり、お前たちは間違っている」と、疑いもなく思い込んでいる記者会見だった。これが火に油どころか、ダイナマイトを放り込んでしまい、大爆発をした。取り返しのつかないとは、あの会見を言うのである。

冒頭、「風評被害に対して怒りが沸点に達した」という発言は、個人の感情丸出しである。顔つきも、怒りで、醜く歪んでいた。大人としてありえない態度だった。

「本日は、至学館大学の学長として会見しており、レンスリング協会副会長ではない」と断言しておきながら、伊調馨や栄和人やレスリングのことを喋りまくった。だいいち、自分の都合にあわせて、一人の人間の役割・肩書を分けることは不可能である。そういう都合の良いことができると思っていること自体、この女の論理的思考力はゼロに近い。全記者会見を通じて、支離滅裂であった。


「栄和人にはパワーはない。パワーのないものがパワハラはできない」と強調したが、これは論理以前の幼稚な発言である。栄和人にパワーがないと断言したが、栄和人にパワーがあろうが、なかろうが、パワハラは起きる。強者であろうと、弱者であろうと、パワハラをしようとすればできる。弱者のパワハラもある。

この学長は、栄和人は部下だからパワーがないと、上司としての上から目線で、栄和人を自分に従う部下として、おのれの権力を見せつけた。栄和人は、学長よりも弱い立場だろうが、女子選手に対しては、強者である。

さらに、栄和人は小者であり権力はないと、チキンハートだ、気が小さいと、栄和人の欠点を並べ立てた。そして、伊調馨の欠点も並べたてた。これには驚くほかはない。自分は偉い人間であり、自分が権力者であって、栄和人には権力なんぞない、ただの雇われ者であり、小者だから、パワハラはできないと言いたかったのだろうが、まったく逆効果だった。栄和人のパワハラよりも、谷岡郁子こそ、パワハラの総元締めであることを証明してしまった。

●世襲のわがまま娘の成れの果て

ざっくりいうと、この女、とてもじゃないが、大学の学長としては失格である。少なくとも、大学の学長である以上、知性と人徳と人格を持たねばならないが、この女には、そういう徳目はゼロである。とくに知性のかけらもないのが致命傷である。ただの傲慢無礼なババアである。どうして、こんな女が学長なのか不思議に思ったが、祖父や父親からの世襲によって、三二歳で学長になっている。典型的な世襲のわがまま女である。池坊保子とよく似ている。池坊保子は世襲の世間知らずの人間であるが、少しは品があった。谷岡には品性のかけらもない。下品である。顔つきも悪い。いかにも悪人ヅラである。

わがまま娘が学長になり、権力を集中し、独裁体制を敷いている。「栄監督にはパワーがない」、「伊調は選手ではない」などの発言を聞いていると、この学長はすべてを私物化している。

栄監督も、伊調馨も、すべて自分の管理監督下にある。自分が全部支配していると思い込んでいる。この学長の発言と態度そのものが威圧的であり、パワハラそのものである。

箱根駅伝・原晋監督の勘違い

箱根駅伝で四連覇を達成した原晋《はらすすむ》監督は、今、舞い上がり、我を忘れて、テレビに出まくっている。監督がテレビタレントのようになってしまっては、青山学院の凋落はすぐに始まるだろう。こういう事例は、過去、人間の歴史で繰り返してきた。それの一つが平家物語である。平家という武家の棟梁が、頂点を極めた後は、坂道を転げるように落ちて行った。原監督と青山学院も歴史の宿命から逃れられないだろう。

毎年、正月に開催される箱根駅伝は、平均視聴率が約三〇%にもなるオバケ番組になっている。しかし、箱根駅伝は、関東学生陸上競技連盟が開催する、関東にある大学だけを対象にした「ローカル大会」に過ぎない。そもそも学生駅伝の日本一を決める大会は、毎年十一月に開かれる「秩父宮賜杯 全日本大学駅伝対校選手権大会」である。

●箱根駅伝はマンネリである

筆者は、国道一号線の横浜の原宿交差点の近くに住んでいる。この一号線は、毎年、箱根駅伝の選手が走るコースになっている。毎年、一月二日、昼近くになると、ヘリコプターが上空を舞い始めると、往路の選手が近づいてきたという合図である。それと同時に、沿線の住民が、続々と一号線の沿線に集まる。

ものすごい人出である。ジイサンも、バアサンも、男も女も、正月も二日目で、家にいるのが少々飽きてきたので、箱根駅伝は、絶好の気分転換である。犬まで無理やり連れてこられているが、やはり犬畜生である。何が起きているのか分らず、不安な顔で、尻尾を足の間にはさんで、中には震えている犬もいる。

筆者も、何十年と、沿線で応援している。正月の恒例の行事である。だがしかし、ここ五年あまりは、応援しなくなった。なんというのか、飽きたというのか、マンネリを感じているからである。

●ショー箱根駅伝の堕落

さらに大きな理由は、選手に対する過剰な応援や、過剰な接待、そして駅伝というスポーツではなく「駅伝ショー」と化している実態である。大群衆の中を走る選手を、群衆と、大学関係者と、警察などの関係者が、寄ってたかって、過保護きわまりない応援をしている。あまりにも甘やかせすぎである。中山竹通《なかやまたけゆき》がいうように、あれでは一流のマラソン選手は出てこない。

箱根駅伝専用の選手しか育たない。

その証拠に、タスキをつなぐと、申し合わせたように選手が倒れこむ。あの光景は選手の甘え以外のなにものでもない。若い女性が、よよっと倒れるように、選手が倒れこむのを見ると、「しっかりせんかい」と喝を入れたくなる。ひ弱な女子高生ではあるまいに、大の男が倒れこむなんぞ、それでも陸上をやっている選手かと言いたい。

第三章　テレビ局・新聞マスコミの勘違い

テレビの勘違い

●テレビがつまらん

テレビ番組がつまらん。若い人に聞いても、中年に聞いても、老人に聞いても、つまらんと言う。結局、日本全国津々浦々の老若男女がテレビはつまらんと言っている。

これはテレビ局にとっては、大問題であり、大変な危機なのに、テレビ局も、スポンサーもまったく危機感がない。どうしてだろうと考えこんでしまう。

テレビ局も、スポンサーも、ただ、惰性で漫然と放映しているだけである。番組を垂れ流しておけば、視聴者は見てくれるだろうと思っている。しかし、実際はまったく見てない。ゆえに広告宣伝効果はない。

その上、スポンサー企業の担当者は、サラリーマンだから、プロを標榜する制作プロダクションに対して強く言えず、言いなりである。もし筆者がスポンサー企業のトップだったら、制作プロダクションに対して、広告宣伝効果をきびしく干渉する。企業は消費者というお客様あっての企業だから、おもしろくない番組や、広告宣伝について、徹底的に注文をつける。ロクな仕事をしなければ、即刻、注文を取り消す。

●芸人・タレントの堕落

一番得をしているのが、芸人であり、タレントであり、芸能事務所である。垂れ流し番組でも、つまらん番組であろうとも、タレントを使ってくれるから、金が入ってくる。

その結果、タレントはテレビにでているゆえに、自分は人気があると錯覚する。そして傲慢無礼になる。ビートたけし、そのまんま東、大竹まこと、とんねるず、ダウンタウン、爆笑《ばくしょう》問題《もんだい》である。ダウンタウンの松本人志《まつもとひとし》、浜田雅功《はまだまさとし》、爆笑問題の太田光《おおたひかり》である。

たかが芸人のくせに、文化人や評論家を気取り、えらそうに、上から目線で、「安倍内閣の問題は……」などと講釈を垂れる。テメエを何様だと思っているのだ。たかが漫才師や芸人ではないか。完全におのれというものを見失い、勘違いしている。

その上、東京の芸能風土には、芸人を甘やかせる気風がある。漫才師として出発したのに、いつの間にやら、文化人や評論家になっている。監督だの、巨匠だのと出世するのである。

関西の漫才師のように、漫才に徹するならば、一流の芸人である。しかし、東京の漫才師は、爆笑問題の太田光ではないが、漫才師であることを忘れて、いっぱしの文化人を気取る。しかし、しょせん元漫才師の講釈である。漫才の域を出ていない。

芸人は芸人に徹してなんぼである。われわれは、芸人に対して、文化人であることを、求めていない。太田光や、松本人志の評論を、見たくもないし、聞きたくもない。芸人を志す者は、オール阪神《はんしん》・巨人《きよじん》、大助《だいすけ》・花子《はなこ》、中田《なかた》カウス・ボタンの漫才を見るがよい。あの芸は、超一流の職人芸の域に達している。

●芸人が政治ネタをやるな

太田光が政治を語るように、東京の落語家には、政治ネタをやる人がいる。表面的に喝采を浴びる。しかし落語家が政治問題をネタにするのは邪道である。庶民は落語を聞きに来るのであって、落語家の政治談議を聞きにくるのではない。表面的な喝采を浴びたからと言って、錯覚を起こして、ひんぱんに政治ネタをやる落語家がいる。六代目三遊亭円楽《さんゆうていえんらく》である。

この男も勘違い人間である。先代の五代目円楽は政治ネタをやらなかった。六代目は、政治ネタは落語家の致命傷になることに気がついていない。政治ネタに頼るようになると、落語家としての堕落である。落語家としての実力が頭打ちになったから、安易に政治ネタに頼るのである。

●テレビ局はコネ入社の子弟だらけだ

何が腹がたつといっても、テレビ局の縁故・コネ入社ほど腹のたつことはない。有名人の子弟がたくさんいる。世襲政治家、世襲歌舞伎、世襲芸人とともに、日本社会のガンである。公共の電波であるテレビ局が、縁故・コネで汚染されていることは、公平な社会であるはずの日本社会をゆがめる大問題である。日本人は、縁故コネ問題に対する危機感が欠落している。世襲や、縁故・コネに対して非常に甘い社会である。

少なくとも、日本は、中国や韓国と違って、公平であり平等な社会である。韓国の財閥のナッツ姫のようなバカな人間はいない。部下を奴隷のように扱うアホウはいない。これが世界に対する日本の誇りである。

しかるに、公共性の高い日本のテレビマスコミが、縁故コネで汚染されていることは、まことに由々しき事態である。日本も、ミニ韓国となったのか。

●政治家は李下に冠を正さず

少し古いが、安倍総理の甥（安倍総理の弟・岸信夫議員の子供）は、フジテレビに入社した。実力で入社したかもしれないが、瓜田《カデン》に履《クツ》を納《イ》れず、李下に冠を正さず、疑わしいことをするなと言いたい。もちろん安倍総理は、まったく関与していないだろう。森加計問題の渦中の人が、縁故コネ問題にかかわるはずがないからである。

筆者が言いたいのは、実弟の岸信夫《きしのぶお》議員は、息子にフジテレビを受けるなと、厳命すべきだった。政治家というものは、疑われるような問題や、縁故コネ問題に、いっさい関わってはならない。それが政治家という職業である。

岸信夫も息子も、人生に対して甘すぎる。政治家という職業について、まったくその本質を把握していない。そういう意味では、岸信夫は政治家失格とはいわないが、政治家としての資質に疑問符がつく。

一切の縁故コネを排した本田宗一郎の偉大さが、ひときわ光る。地位の高い人は、みずからの行動を、厳しく律するべきである。身分の高い人がもつべき道徳心としてのノブレスオブリッジである。

●テレビ局ディレクターの勘違い

テレビを見ていて、違和感をもち、不愉快になるのが、ディレクターと称する連中の服装や態度や振る舞いである。

まず服装がだらしない。その上、汚い。初対面の人に対する礼儀がなっていない。たとえば、企業などを取材する時、企業側はしかるべき立場の人間がネクタイをして、背広を着て応対する。ところが、一方のテレビ局側の人間の服装があまりにもだらしない。よれよれのTシャツか、しわしわの背広か、ノーネクタイのだらしない服装である。髪は伸び放題で、ひげを生やして汚い。

これがどんな番組をみても申し合わせたように同じである。きちんとネクタイをして取材している姿を見たことがない。たとえば、私の好きな番組であるが、テレビ東京の「ＹＯＵは何しに日本へ?」の場合、空港でインタビューするスタッフの服装が汚い。髪が汚い。髭が汚い。

その後の時間に放送されている「日本ご招待」も、現地外国の当人に対して、招待を伝えるスタッフの服装は、よれよれのＴシャツか、しわしわの背広か、ノーネクタイのだらしない服装である。

世間では初対面の時は、背広にネクタイか、きちんとした上着を着る、よれよれのＴシャツで応対しない。それが世間の常識である。最低限の礼儀である。そういう意味では、テレビ局の人間は非常識である。世間を舐めている。自分はテレビ局の人間だからという傲慢さである。無意識のうちに、上から目線で、自分たちは特別な人間だと錯覚している。

こういう手合いが、大手を振って闊歩しているところに、テレビ局の最大の問題がある。筆者の専門の一つの記号論でいうと、あの服装は、テレビ局の傲慢無礼を表している記号である。この記号は、テレビ局の没落への最後の輝きかもしれない。

●笑点・大喜利の勘違い……座布団運びへの職業差別

日曜日の夕方の人気番組に笑点の大喜利がある。現在の司会者は春風亭《しゅんぷうてい》昇太《しょうた》である。視聴率は大変高い。しかし、内容そのものは超マンネリである。しかし、この時間帯には、これといった番組がないので、高い視聴率をえている。日曜日の夕方、家族が一家団欒をする時間である。なんとなくチャンネルを合わせている。

最近の笑点で問題なのは、座布団運びの山田隆夫《やまだたかお》に対する過剰なイジリや差別である。最近の大喜利は、噺家は偉い人間で、座布団運びは下級の人間のする仕事という前提のもとに番組を構成している。噺家は上流階級、座布団運びは下級階級という想定である。これは職業差別である。

もともと笑点の長い歴史の中で、こんな差別はなかった。座布団運びは洒落である。落語の粋なオチの一つである。しかし、本来なかった噺家と座布団運びの差別が激しくなったのは、故桂歌丸《かつらうたまる》が司会者になってからである。その前の司会者の五代目円楽は、山田隆夫を可愛がっていた。山田に対する言葉づかいもやさしかった。

歌丸は、しばしば番組の中で、「ヤマダ」と呼び捨てにしていた。親しみを込めたつもりでも、それは仲間内の言葉づかいであって、公につかってはならない。同じように、八チャンネルの

「情報プレゼンター　とくダネ」という番組で、司会の小倉智昭《おぐらともあき》が、天気予報の担当者を「アマタツ！」と大声で呼ぶが、筆者は不愉快極まりない。八チャンネルは公共の電波であって、小倉の私用の番組ではない。この男も、自分を何様だとおもっているのか。自分が番組に大きな影響力をもつようとなると、おのれの私物のように錯覚しているのである。

司会者が春風亭昇太になってからは、歌丸ほど差別意識は強くないが、差別の傾向は残っている。六代目円楽も、師匠の五代目円楽と違って、差別意識を歌丸から引き継いでいる。

座布団運びは、初代司会者の立川談志《たてかわだんし》の時代には毒蝮三太夫《どくまむしさんだゆう》だった。その後、三遊亭笑遊《さんゆうていしょうゆう》、ヨネスケ、松崎真《まつざきまこと》などが座布団運びとして記憶に残っている。本来、座布団運びは、余興であり、洒落である。座布団だけを運ぶことを仕事とするお遊びの役目である。だから、有名人であろうとも、嬉々として勤めたのである。しかし、最近の司会者のように仕事に対する差別意識が強くなると話は別問題である。

筆者が不思議に思うのは、マスコミや視聴者も、座布団運びに対する差別意識が気薄なことである。山田隆夫に対するイジリや差別的言動を当たり前としていることである。こういう鈍感さが、社会から差別がなくならない原因である。

とくに、東京の風土には、江戸時代から、権威や権力をかさに着て、人間に対する差別意識が強い。この印籠が見えないか「座布団運びの山田隆夫よ、落語家の権威が目に見えないか、下がりおろう」ということである。

●東京の芸能界には身分差別がある

これは東京の芸能には序列意識が強く存在することが原因である。

東京の落語には「身分制度」がある。前座見習い、前座、二つ目、真打という序列である。関西にも戦前はあったが、戦後は実質的に身分制度は存在しない。六代目松鶴は「真打にふさわしいかどうかはお客様が決めることであり、真打制度に胡坐をかいて落語家サイドが真打を客に押し売りするのはおかしい」と言っている。

大阪では漫才と落語が同じ舞台で演じる場合が多い。お客様を笑わせてなんぼという世界である。いくら真打だと言っても、笑ってくれなければ落語家としての価値はない。下手すると、「引っ込め」と、客席からゲタが飛んでくる可能性もある。

東京には武家社会だった江戸時代から残る身分制度がある。徳川幕府という権威に対して、へりくだる意識である。水戸黄門の印籠である。東京は権威に弱い社会である。差別が無意識のうちに存在し、その差別を意識していないから、根が深く、やっかいである。

筆者は大阪で青春時代を送った。大阪はあきんどの世界である。実利の社会である。権威は関係ない。金を儲けてなんぼ、笑わせてなんぼ、という実力がものいう世界である。権威や権力は、糞くらえという社会である。大阪や関西の文化を知る人間として、東京の弱者に対する思いやりの意識が気薄なことを心配する。東京は、タテマエはきれいごとを言うが、隠れて人を差別する。腹を割ったざっくばらんな田舎者の文化が欲しい。

「TVタックル」の勘違い

●「TVタックル」は左翼に偏向した番組になった

日曜日の昼、テレビ朝日で放映されている番組に「TVタックル」というのがある。メインの出演者はビートたけしである。司会者は阿川佐和子《あがわさわこ》である。その他、青木理、大竹まこと、東国原英夫などが出ている。

以前、三宅久之《みやけひさゆき》が出演していたころは保守的な番組であった。しかし、いつのころからか、リベラル色が濃くなった。テレビ朝日だから必然的な流れだろう。ビートたけしも、本来、保守である。しかし、最近は、周りがリベラルを気取る連中になったので、ビートたけしも保守的な発言をしなくなった。

出演者の中で、安っぽいリベラルを気取っているのが、大竹まことである。この男、何を勘違いしているのか、文化人を気取り、知ったような口をきく。しかも、左翼風のリベラルを気取り、政治家や政府を批判するが、あまりにも紋切り型でうすっぺらである。

リベラルもどきの政権批判などは時代遅れである。リベラルが進歩だと思っているとしたら、あまりにも古すぎる。ソ連崩壊とともに左翼リベラルも崩壊した。大竹まことは、「TVタックル」の左翼偏向を象徴している人間である。

すでに述べたように、ビートたけしは、もともと保守派である。しかし、最近は、番組の風潮に引きずられて、保守的な発言がなくなった。阿川佐和子も、大竹と同世代であり、戦後リベラルの申し子である。東国原英夫は、機を見るに敏で、世相に迎合して、自分の信念や哲学は語らない。ビートたけしの腰巾着《こしぎんちゃく》である。

●二千年前、日本列島に定着して以来、日本人は、保守的な民族である

もともと日本人は保守的である。革命や革新や改革には関心のない民族である。二千年間、この平和な島国には、革命を起こして打倒するような独裁者は、いまだかつて登場したことはない。

ゆえに革命はいらないのであるから、リベラル風の左翼は不要である。その証拠に、左翼陣営に対する国民の支持率は一桁である。大竹まことは、時代の流れをよみ誤り、世相というも

のがまったく分かっていない。

東国原や、大竹まことなど、知性のない人間が、大きな顔をしてテレビに出ることがテレビの最大の問題である。なぜ、この程度の人間を出すのか、テレビ局の無定見を批判したい。大竹まことは、娘が大麻の所持で逮捕された時、テレビで殊勝な顔をしていたが、翌週あたり、いけしゃーしゃーと出演していた。たぶんテレビ局などが、出演をすすめたのだろうが、辞退するのが人間の良心というものである。大竹の振る舞いは、タレントの無節操と、人間としての傲慢さを示すものである。最近のタレントを見ていると、傲岸不遜という言葉を思いだす。タレントを傲慢無礼な人間に変えるのがテレビである。

テレビに出演していると、自分は偉くなった、知識人になったと、錯覚するのだろう。テレビが魔物であることの証拠である。大竹まことや東国原英夫は、どんな専門分野をもっているのか。政治学か、経済学か、社会学か、文化人類学か、心理学か、何か研究しているのか。テレビに出演していると、人間から、恥という概念がなくなってしまうのである。恥を喪失したら、人間ではなく、犬畜生である。ゆえに恥を知る者を人間と定義する。

●阿川佐和子では荷が重すぎる

阿川佐和子もリベラルを気取る人間である。保守派だった親父の阿川弘之が天国で嘆いているだろう。「TVタックル」における阿川佐和子の司会は役不足である。インタビュー番組の「サワコの朝」では、よい司会をしているが、「TVタックル」はそうはいかない。勉強不足であり、この女の能力を超えている。

人が話しているのにしばしば遮る。真面目なテーマなのに茶化す。人間は、自分の能力を超えるとき、自分の弱みを見せないために、茶化して胡麻化そうとする。ビートたけしが、発言しないので、よけいにお粗末ぶりが目立つ。

阿川佐和子と大竹まことが、この番組をだめにしている元凶である。時々、出演する東国原英夫がそれに輪をかける。ビートたけしは、保守派である。しかるに、左巻きのテレビ朝日の傾向を受けて、番組そのものが左巻きになった。

すでに述べたように、日本人は、歴史的・伝統的・文化的に保守的人間である。日本列島に住んでから数万年、文化を持ってから二千年、この小さな島で、営々と稲作農耕をしてきた。平和を愛し、和をもって仲良く生きてきた。フランス革命やロシア革命のような変革を必要とする島国ではない。

すなわち保守的な民族である。こんなことは歴史を勉強すれば誰でもわかる常識である。左翼は、ありもしない階級を日本に持ち込み、革命を起こそうとした。しかし日本には階級は存在しない。革命を必要とする社会的な矛盾も存在しない。日本におけるマルクス・レーニン主義とは、いったい何だったのか。学生時代、マルクスにかぶれた人間として、つくづく思う。

●新聞記者とは専門分野をもたない何でも屋

新聞記者は、記者と名乗れば、どこでも通用すると思っている勘違い人間の代表である。同じく、「TVタックル」に出演している青木理という記者崩れの男がいる。ほかのところでも触れたが、この男、関口宏のサンデーモーニングなど、左翼リベラル風の番組によく顔をだしている。

いつも評論はワンパターンである。政府批判と安倍批判である。そういう意味では、あまりにも単純で分かりやすい。ソ連崩壊後、絶滅し、支持する人間がいなくなっているはずの左翼リベラルをいまだに振りかざしている。

しかも新聞記者（共同通信社）出身の分際で、政治問題のオールマイティの専門家ぶっている。新聞記者やジャーナリストという連中は、専門的に研究したことがないくせに、その分野の専門家のごとく、講釈を垂れる。かれらは、政治学や経済学や社会学について、専門に研究し、論文を発表し、博士号を持っているわけではない。誰かを取材し、記事を書いてきただけで、人のフンドシで相撲をとるだけの職業である。

平成三十年七月一日放送の「TVタックル」は、日本は北朝鮮に対して金を払うかというテーマだった。この番組の中で、**青木理**は、「日本はアメリカのポチだ」と発言した。出席していた**武藤正敏**《むとうまさとし》元韓国大使やほかのコメンテーターから激しく批判された。青木の発言は、日本人として、まことに恥ずべき発言である。青木は、すべてに否定的な発言する男である。人生を前向きにとらえない敗北主義者である。

そもそも、犬のポチが、青木の発言を聞くと、気分を害するだろう。ポチは青木のように陰気ではない。似非リベラルを気取らない。知ったようなことを言わない。ただ黙って人間に忠実である。ゆえにポチは保守派である。

「サンデーモーニング」の勘違い

●張本勲の勘違い

日曜日の朝、テレビ朝日で、**関口宏**が司会する「サンデーモーニング」という情報番組がある。これはバリバリの左翼偏向番組である。この番組が、そこそこ視聴率があるのは、スポーツ編の「喝」というコーナーである。**張本勲**《はりもといさお》が出演し、「あっぱれ」と、「喝」を入れる。しかし視聴率があるのは張本の功績ではなく、故大沢親分の功績である。当時、大沢親分の喝がおもしろいから、視聴者がついたのである。張本はそれを引き継いだだけである。

張本の考え方は、韓国びいきであり、偏見に満ちている。だから評論家の江川紹子《えがわしょうこ》と対立したのである。岩隈投手の途中降板を批判した張本に対して、江川が異議を唱えた。これは言論の自由である。しかるに、TBSは張本の主張をいれて江川を降板させた。これは言論の自由への侵害であり、同時に江川に対する不当な差別である。

TBSもだらしない局である。張本は、「江川を出すなら、自分は降りる」と言ったそうである。この場合、張本の主張は番組編成への干渉である。江川を出すか出さないかはTBSが決めることである。

「わが社は、江川さんを降板させることはできない。同時に、張本さんも降板させることはできない。お互い大人だから、話し合って、一緒に出演してください」と言えばいい。TBSは局としての方針を堅持すればいい。しかるに張本の干渉に屈するとは、テレビ局として失格である。看板を降ろせといいたい。喝のコーナーは、張本がいなくとも、企画そのものがおもしろいので、だれがやっても視聴率はとれる。

●陰気なコメンテーターが雁首を並べている

さて、「サンデーモーニング」は、番組の冒頭に、ずらりと並んでいる出演者の顔が映る。しかし、どいつもこいつも陰気な顔をした奴ばかりである。

たとえば、寺島実郎、田中秀征《たなかしゅうせい》（元衆議院議員）、姜尚中《カンサンジュン》（東大教授）、金子勝《かねこまさる》（慶大教授）、佐高信《さたかまこと》、田中優子（法政大学総長）、辺真一《ヘンシンイチ》、青木理、中西哲生《なかにしてつお》（サッカー）などである。よくぞ、これだけ陰気な奴をそろえたものである。

まず寺島実郎であるが、こんな頭の悪い男が国際政治を語るのはサギである。鳩山由紀夫《はとやまゆきお》のブレーンであり、リベラル風の左翼である。戦後平和主義に乗っかっている典型的な男である。驚くべきはこの男の肩書である。三井物産戦略研究所会長、日本総合研究所会長、多摩大学学長となっている。その他、立命館大学や早稲田大学などにも関係している。

この程度の人間を重職に任命する各機関の頭を疑う。三井物産という名門中の名門商社の戦略研究所の会長だとは、驚き、桃の木、山椒の木、ブリキ、タヌキに、蓄音機である。筆者は、寺島ごときの頭の悪い男を重職にする三井物産に対して、大変失望した。三井物産はそこまで落ちぶれたか。三井物産の輝かしい歴史と伝統を汚す人間である。

さらに日本総合研究所会長とあるが、これは有名な日本総研ではない。この日本総研は、株式会社日本総合研究所である。資本金が一〇〇億円、研究員が二五〇〇名もいる日本を代表するシンクタンクである。

寺島が会長の日本総合研究所は、財団法人である。財団法人のほうが良さそうにみえるが、(株)日本総研と比較すると、規模も内容も研究員も、(株)日本総研のほうがはるかに優れている。寺島の日本総合研究所のほうは、寺島文庫などというものを作って、寺島の個人研究所のようである。いずれにしても、紛らわしい名前を使って権威づけている。寺島にとっては、(株)日本総研と間違えられるほうがありがたいだろう。

寺島が学長をつとめる多摩大学は、野田一夫《のだかずお》が創設した大学である。実践的な教育で有名である。野田の後は、中村秀一郎《なかむらひでいちろう》、グレゴリー・クラーク、中谷巌《なかたにいわお》など、優れた人物が学長となった。しかし、二〇〇九年に寺島実郎が第五代の学長になったが、前任者たちと比較すると、学者としての識見・能力は各段に落ちる。こんな男を学長にしなければならないほど多摩大学は落ちぶれたのかと言いたい。

次に姜尚中(日本語読みでキョウショウチュウ)である。テレビではカンサンジュンと韓国よみで紹介されている、在日韓国人二世である。この男も反日である。日本で大学を卒業し、国立大学に職を得て、日本人の税金でメシを食っていながら、反日、親韓である。こういう男を使うのは、司会者の関口宏が反日の親韓だからである。見るからに、陰気な雰囲気をもっている。いつも陰気な顔をして、もったいぶって、したり顔で、もっともらしいコメントをするが、反日であるかぎり、そのコメントには反日親韓という限界がある。ゆえに陳腐な紋切り型のコメントとなる。

続いて佐高信である。いうまでもなくバリバリの左翼である。わかりやすいほどの反日、反皇室である。この手の人間はソ連崩壊とともに絶滅したはずだが、日本では不思議なことに、朝日新聞や毎日新聞などの左巻き陣営からの需要があるので生き残ってきた。しかし、さすがに最近は、あまり佐高の顔を見ないが、「サンデーモーニング」が数少ない残り火を燃やす場所らしい。こういう男は批評に値しない。筆者のペンが汚れるのでこれで終わりとする。

青木理は、ここにも顔を出している。陰気な男である。自分を偉いと錯覚しているのが滑稽である。共同通信の記者をしていた男だが、記者とかジャーナリストという人種は、根拠がないのに自分たちを特別な存在だと思っているらしい。新聞記者とは何を根拠に偉いと言えるのか。何か専門的に研究してきたのか。新聞記者とか、ジャーナリストとかいう連中は、町の雑貨屋である。今風にいうと百円ショップである。専門品を扱う専門店ではない。

この番組では辺真一《ヘンシンイチ》もいる。韓国・朝鮮問題の専門家となっているが、ジャーナリストもどきである。だいたい韓国は紋切り型の反日国家である。百年変わらず反日である。別に目新しいものはない。ゆえに、韓国の専門家だと言っても、何も新しい情報はない。手垢がついた情報である。北朝鮮問題も同じである。百年変わらず、反日をプロパガンダしている国家である。糖尿病の心配があるデブ男が支配している独裁国家で、何も目新しいものはない。韓国問題も、北朝鮮問題も、百年一日のごときコメントをしているだけである。当たるも八卦当たらぬも八卦である。ゆえに飯が食えるのである。

サッカーの解説には中西哲生がいる。サッカーに関して、いつも知ったような口をきく。しかし、中西はサッカーのS級指導者ライセンスを持っていない。指導者としての現場経験がない。サッカーの指導者ライセンスは、下からD級、C級、B級、A級と、地道に取得して行って、最後はS級ライセンスに到達する。これがないと、Jリーグや社会人や大学などで監督にはなれない。中西がどのクラスのライセンスを持っているか知らないが、S級を持っていないので、プロの監督にはなれない。

しかるに、「サンデーモーニング」でしたり顔のコメントをする。現場を指導した経験もないくせに知った風な口をきくのである。サッカーによらずスポーツの解説は結果論が多い。こうしたら良かった、ああすれば良かった、こうすべきだったというべき論である。

この番組は、反安倍、反自民党の人間を集めた偏向番組である。しかし、大衆は安倍と自民党を支持しており、政権は安定している。安倍さんの支持率は低いといっても、基礎的な支持層は約四割はいる。日本において強固に存在する保守層の存在をしらないらしい。ここがリベラル左翼陣営の限界である。特定の思想に固執すると状況判断を誤る。とくに、左翼リベラルは、すでに歴史的な役割を終えている。というよりも、日本において無理やりつくった輸入の思想であるから、結局、定着しなかった。

日本人は保守的であるということをしっかりと認識することである。とくに数千年、この島国で生きてきた日本人が革命的であるはずがない。変革を望むはずがない。平和に、穏やかに生活を営むことを、日本人は望んでいる。マルクス、レーニン思想のような、生活に波乱を起こすような過激な思想は、本能的に忌避する。

安藤優子と「グッディ」の勘違い

フジテレビのファンである。ゆえに、あえて苦言を呈したい。

女性キャスターの安藤優子《あんどうゆうこ》が司会している情報番組に「グッディ」というのがある。フジテレビで、毎日、午後二時頃からの放送である。この番組は、ざっくり言うと、まったくつまらんのである。あれでは視聴率は数％だろう。

「グッディ」という名前ではなく、「安藤優子の井戸端会議」と名前を変えたほうがいい。主婦の井戸端会議レベルのことを、安藤優子を中心に出演者が、お喋りしているだけである。視聴者をぐいぐいと引きつける魅力がない。なぜか。その理由をおいおい述べる。

まずテレビ画面をみると、安藤優子が左端に座り、その右隣に俳優の高橋克実《かつみ》が座っている。高橋の右隣りには、男女のコメンテーターが二三人ずらりと並んで座っている。すなわち安藤を左端にして、ずらりと横並びにコメンテーターが座る形である。名キャスターの木村太郎は、週に一回か二回登場し、この並びの右端に座る。これも大きな問題である。

さらに、当日、臨時に登場するコメンテーターが、安藤優子の右斜め前に一人か二人座っている。この番組の問題点は以下の通りである。

第一．キャスターやコメンテーターの配置が問題である。

この番組をダメにしている原因である。すでに述べたように、メインキャスターの安藤が左端に座っている。左端に座っているために、ずらりと並んだ大勢のコメンテーターの中の一人として埋没している。安藤は、大勢のコメンテーターのワン・ノブ・ゼムとなっている。メイン司会者ならば、それにふさわしい位置にいるべきである。すなわち場の中心にいて、番組を仕切ることが肝心である。

「グッディ」の前に放映されている番組「バイキング」の坂上忍のように、場の中心にいて、全体を仕切ることである。今のように、ずらりと並ぶ形をとるならば、安藤は左端ではなく、真ん中に座らねばならない。バラエティでも、情報番組でも、メイン司会者は、番組全体を目配り、気配りし、仕切ることができる位置にいることが肝心である。

第二: 安藤優子は、左を向かず、真っすぐ正面を向いて話せ。

安藤優子は、冒頭の話を終えると、すぐに安藤の左側の人物(高橋克実)に話を振る。すなわち、安藤は顔を左に向け、横顔を見せながら話すのである。これを時間内に、しょっちゅうやるのである。何か話題がでると、安藤はすぐ左を向いて誰かに話しかける。安藤は、いつも、彼女の右の横顔を視聴者に向けていることになる。メインキャスターなのに、正面を向いていない。安藤は、いつも横を向いており、視聴者を真正面に見ていないのである。

第三: メインキャスターとして堂々と振る舞え。

メインキャスターは、番組を仕切る中心人物として、スタジオの中心に立つか、座るかしなければならない。これは当たり前である。そうしないと、誰がメインキャスターなのかわからない。「グッディ」は、現在の横並びの配置を直ちにやめるべきである。安藤は、スタジオの真ん中に立つようにすることである。今のままでは、安藤の視線は、いつも横を向き、一層、自信がないように見える。

第四は、安藤優子はリーダーシップに欠ける。

番組を仕切る司会者としての力量がない。安藤は、自分がリーダーシップを発揮し話題を進めず、何かあると隣の高橋克実か、コメンテーターの誰かに話しかけ、ご意見を伺うというスタイルをとる。あるいは誰とは指名せず、独り言のように話す。

ようするに、安藤は、自分の信念や方針のもとに、毅然として、番組を仕切る強い姿勢が欠落している。自分のもっている知識、学識、信念、哲学などに自信がないのだろう。番組を締めくくる毅然としたコメントがない。なんとなく終わるのである。

第五．木村太郎を準メインキャスターにすべし。

この番組には、時々、木村太郎が出演している。昔、安藤優子が報道番組を担当していたとき、木村太郎とコンビを組んでいた。安藤のトンチンカンを、木村太郎がフォローしていた。木村太郎の知性と識見が見事だった。「グッディ」では、木村太郎は時々しか出演しない。かつての木村太郎の役割を果たす人がいない。これがこの番組の大きな問題である。その結果、井戸端会議になっている。木村太郎のいない番組は、コーヒのないクリープのようなものである。

第六．安藤の喋り方に問題がある。

鼻にかかったような声で、ベタッーとまとわりつくような話し方や、女が男に媚びるような話し方をする。ぶりっ子をするが、中年女のぶりっ子は気色がわるい。今どき、若いおねぇちゃんでも、ぶりっ子は流行らない。

第七．番組進行にストーリーがない。

第一に、旗幟鮮明《きしせんめい》でない。第二に、起承転結がない。第三に、リズムがない。第四に、番組のコンセプトが明瞭明晰でない。

だから井戸端会議なのである。現代のテレビにおいては、番組の旗幟鮮明はきわめて重要である。旗幟鮮明でないと、視聴率はとれない。旗幟鮮明にするには、世間について研究し勉強し、そして信念と哲学のもとに毅然と主張することである。

あいまいに語るのは簡単であるが、高い視聴率を獲得できない。冒険が必要である。大胆不敵な主張がいる。あいまいは、臆病と同義語である。何も主張しないことと同じである。臆病な腰抜け番組ならば、最初から放送しないほうがいい。

第八．サブ司会者の大村正樹の知識と教養があまりにも貧困である。

キャスターとしての大村の力量は疑問符がつく。論理的思考力も弱い。そのくせ番組を仕切りたがる。自分の浅い思考力でもって独断で番組を進めようとする。あいまいな安藤と、偏差値の低い大村では、目の肥えた視聴者はチャンネルを替える。

ヒット番組・坂上忍の「バイキング」を見習え

安藤優子の「グッディ」の直前に放映されている、坂上忍《さかがみしのぶ》が司会する「バイキング」という情報番組と比較すると分りやすい。「バイキング」は、坂上忍の強烈なリーダーシップのもとに、急速に人気を上げている番組である。

「バイキング」の良さは、坂上忍が、一人で番組を仕切っていることである。画面の中央に立ち、左右に並ぶお笑いタレントや、コメンテーターに、話を振って、番組をどんどん進めている。

時には出演者と、激しい論争になる。これがまた良いのである。相手が大物のタレントや俳優であろうとも、坂上忍は決して妥協せず、議論する。坂上忍の臨機応変のやりとり、コメントが良い。出演者は、八人から十人を越す場合もあるが、すべての出演者に話をふって、答えさせている、この気配りも見事である。

さらに良いのは、旗幟鮮明であることである。テーマについて、肯定するのか、否定するのか、はっきり明言する。曖昧な、いいかげんなコメントはしない。たとえば、貴乃花の問題の時は、はっきりと貴乃花の側に立っていると公言する。日本相撲協会に対して強烈な批判をする。レスリング協会のパワハラ事件の時も、協会のやり方はおかしいと明言する。これが旗幟鮮明というものである。坂上忍は、久しぶりに出てきた素晴らしい司会者である。人気がでるのは当然である。

安藤優子は、坂上忍と反対のやり方をしていると思えば分りやすい。旗幟が不鮮明なのである。肯定なのか、否定なのか、曖昧模糊なのである。主婦が集まって、わきあいあいに、人の噂をアーダ、コーダと井戸端会議をしているのと同じである。

安藤優子には、番組を仕切り、何かの結論を出すという信念がまったくない。中途半端で、表面をなでるだけの司会である。いったい、この番組の意図はなんだ、趣旨はなんだ、コンセプトはなんだ、まったく見えない。これでは視聴者の支持を得られない。視聴率は低いのは当然である。

テレビ番組といわず、一つのプロジェクトを仕切る時は、信念と哲学と思想が絶対に不可欠である。それを旗幟鮮明というのである。戦国時代、戦場において、敵味方、混戦状態のとき、旗や幟を立てて、敵か味方かはっきりとさせたのである。

混沌状態のときこそ、旗幟鮮明は非常に大切である。テレビも同じである。視聴者の考えや思いは混沌としている。それを司会者が仕切って、旗幟鮮明にして、視聴者を味方につけ、番組側に導き、視聴率を上げるのである。

朝日新聞の勘違い

●いつまで左翼を気取るつもりか

筆者は、産経新聞、朝日新聞、日経新聞の三紙を取っている。朝、起きると、まず一番に、産経新聞を読む。なにかしらホッとする。思想や考え方が同じだからである。そのあと、朝日新聞を開いて読み始めると、たちまち「ノー、ノー、それは違う」と、記事に反発し、心の中どころか、大声で叫ぶ時が多い。

とくに、社説と投稿欄を見ると、例によって例のごとく、反戦、リベラルの記事であふれている。投稿欄などは、歯の浮いたような理想論やベキ論や紋切り型の文章のオンパレードである。よくぞ、かくも見え透いた反戦論や、リベラルもどきの言説が、吐けるものだと感心する。気分が悪くなるので、ほどほどにして日経新聞に移る。日経新聞は、偏向した記事や、左翼リベラル風の記事がない。非常に客観的であり、論理的である。むしろ産経新聞に近い。産経と朝日を読んだあと、事実を確認するために日経を読む。

それにしても、なぜ、朝日新聞は偏向がすぎるのだろうか。いまだに、左翼人間が、社内を仕切っているのだろうか。左巻きが生き残っているのか。左巻きのほうが、かっこいいと思っているのか。時代遅れなのに、時代の先端を走っていると錯覚しているのである。森の石松ではないが、馬鹿は死ななきゃなおらない、とは朝日新聞のことである。

なのに、なぜ、朝日新聞を取っているかというと、第一は、発行部数が多い新聞であるゆえに、日本社会に大きな影響を持っているからである。第二は、情報量は豊かである。大新聞ゆえに、記者の数が多い。その分、情報が数多く集まっている。

朝日新聞の中にも、少数派だろうが、保守派や、右寄りもいるはずである。それにしても、戦前は体制側だったのに、戦後は一転して左翼である。右にぶれたり、左にぶれたり、首尾一貫していない。

●新聞記者も新聞配達をしろ

筆者は朝三時半に起きている。四時から一時間の暗唱ウォーキングのためである。約二〇年になる。暗唱ウォーキングとは、文章を暗唱しながら歩くのである。平家物語、奥の細道、方丈記、源氏物語の古典から、夏目漱石、森鷗外、山本周五郎、藤沢周平、司馬遼太郎、伊藤桂一、林房雄などの名文を暗唱する。今、暗唱は一時間以上、続けることができる。もちろん、最初は五分か十分であった。二十年もやると、チリも積もればで、膨大な文章が暗唱できるようになった。

筆者が暗唱をしていると、新聞配達の人と会う。暗唱ウォーキングは、雨の日も、風の日も、雪の日も、台風の日も、三百六十五日、欠かさない。新聞配達の人も同じである。すれちがう配達の人に対して、心の中で頭を下げなら歩く。「あなた方のお陰で新聞を見ることができます。ありがとうございます」と。冬の真っ暗な中を配達している姿をみると、ほんとうに頭が下がる。生活がかかっているのが背中に見えるのである。

この新聞配達の人のために、一カ月に一度、休刊日がある。配達の人への慰労である。しかし私は休刊日には反対である。配達する人の休日と、休刊は別問題である。配達する人が、労働者として、定期的な休みを取ることは当たり前である。しかし新聞の使命からいうと新聞は休んではならない。配達人に代わって、新聞記者など他の人が配達すればいい。とくにエリート然としている新聞記者も、机上で講釈をたれるよりも、早朝の新聞配達の苦労をしっかりと味わうことである。新聞記者よ、寒風ふきすさぶ真っ暗な冬の朝、凍える手で、新聞を配達し、新聞配達人の苦労の万分の一でも経験しろと言いたい。

●新聞社における身分の壁

新聞記者のエリート意識ほど鼻もちならないものはない。前節で指摘したように新聞業界は、現場の販売員の劣悪な労働によって成りたっている。新聞記者と販売員には越えがたい身分の壁がある。記者を武士とすれば、販売員は百姓である。二つの階級の間に交流はない。記者は、政治や社会について、正義感をふりかざして書くくせに、新聞配達員のきびしい労働環境には目をつぶっている。しかし新聞記者にも、寒風吹きすさぶ極寒のもと、新聞配達をしなければならない日がくるだろう。

第四章　芸能人編

芸人の勘違い

芸能人や芸人も勘違い人間の代表である。

テレビ編でも述べたが、最近のお笑い芸人の態度は、何様のつもりか知らないが、目に余るほど傲慢無礼である。テレビ局は、地上波の六局が、それぞれほぼ二十四時間放送しているから、数多くの番組が放映されていることになる。すなわち出番がいくらでもある。箸にも棒にもかからないような芸人でもお呼びがかかる。

傲慢不遜な例としては、三流芸人が、町をぶらつき、ラーメン店や、中華料理店や、すし屋や、ファッションの店などを冷かしながら、番組が進行する。ずかずかと店に入り込み、強引に取材する。テレビ局という水戸黄門の印籠をふりかざし、態度が大きい。店側も、テレビで放映されると、宣伝になるので、ぐっと我慢して取材に協力する。だからよけいに芸人は横柄になる。

ハリウッドスターなら、世界的な大スターであるが、たかが日本の三流芸人が何を勘違いしているのだと言いたくなる。番組の中でも、芸人同士がふざけあって、大口を開けて笑っている。単なる仲間内のおふざけ番組である。

スポンサーは番組をきびしくチェックし検証し、おふざけ番組だと思ったら、即刻、スポンサーを降りると通告すればいい。企業と製品のブランドイメージがダメージを受けるからである。しかるに、スポンサーは、漫然と放映させている。番組担当者が、きびしくチェックしている話は聞いたことがない。担当者は、鷹揚《おうよう》に、太っ腹をみせ、番組の制作に関与しないのだろう。だから、おふざけ番組がなくならない。芸人は、大口あげて笑い、ふざけまわっている。ようするに、芸人のおふざけ、製作者のマンネリ、スポンサーのサラリーマン化で、結局、テレビ番組がつまらんものになっている。ゆえに、若者はもちろん、老人から、中年も、学生も、少年も、すべての日本人がテレビを見なくなる。テレビ離れである。

ビートたけしの勘違い

すでにテレビ編の「ＴＶタックル」で述べたが、ビートたけしは、漫才師の時代は、大変おもしろかった。漫才師としての才能があった。しかし、いつの頃からか漫才をやめ、タレントとなり、師匠とよばれるようになった。さらに映画監督をして、巨匠などともてはやされるようになった。ビートたけしの堕落のはじまりである。現在では、文明評論家ぶって、テレビに出演し、したり顔のコメントをする。まわりが彼をもてはやし、持ち上げ、神棚に置いてしまった。

とくに映画監督としてのビートたけしなど、筆者はまったく評価しない。安易にヤクザ映画を作っているだけである。暴力否定の時代に、暴力を肯定している映画を作って、何が芸術であるか。黒澤明がヤクザ映画を作ったか。小津安二郎が暴力映画を撮ったか。

ヤクザ映画は三流映画である。企画が安易であり、創造性や想像性はまったく必要ないからである。同じ作るなら、マフィアの物語の『ゴッドファーザー』のような芸術のかほりのする映画を作れと言いたい。マーロン・ブランドやアル・パチーノのような名優の演技は見るだけで価値がある。

現代のような平和の時代に、戦いを表現したいならば、黒澤映画のように、時代劇に題材を求めることである。人間の生きざまを撮りたいならば、黒澤映画の「生きる」を研究しろと言いたい。

ビートたけしのヤクザ映画は、現実にはありえないから、絵空事である。この平和な時代、暴力否定の時代、ヤクザなどが生きる世界はない。ありえないヤクザ映画を作ってもまったく価値がない。ゆえに、筆者などは、ビートたけしのヤクザ映画を評価する人間の神経が理解できない。北野武に対して、マスコミは、あまりにも媚びへつらっている。

●東京という風土の怖さ

この問題もテレビ編で述べたが、ビートたけしの例は、東京という風土が、人間をダメにする典型的な事例である。

東京では、誰でも簡単に師匠になれる。たいした芸人でもないのに、少し古手になると、師匠と呼ぶのである。「師匠、師匠」と、もてはやし、おだてて、その結果、自分は偉い人間だと錯覚させるのである。芸人や、漫才師や、タレントが、いつの間にやら、師匠や、芸術家になっている。

そして不思議なことは、コンビを組んで漫才から出発したのに、いつ間にやら、それぞれ片割れが、タレントとして活動している。ツービート時代のビートたけしを筆頭に、今人気のバナナマンも、それぞれも活動している。東京はマーケットが巨大であるから、ちょっと売れると、すぐにお呼びがかかる。芸人にとって住みやすい。

大阪はマーケットが狭い。よそ見していたら、本業が危うくなる。ゆえに、大阪では、芸人は、どこまで行っても、芸人であり、漫才師は漫才師である。決して芸術家や、巨匠や、師匠にはならないし、絶対になれない。大衆がそれを許さない。オール阪神・巨人、大助・花子、中田カウス・ボタン、大木こだま・ひびきなどを、自分たちと同等か、下ぐらいに思っている。芸人は笑い飛ばす対象である。ただし、漫才師として大変リスペクトしている。

角座（閉館）や花月で、漫才を見て、自分より下の者だと、確認し、フラストレーションを発散させる。漫才師が、師匠や芸術家になったら、花月は閑古鳥が鳴く。偉らぶっている師匠や芸術家の漫才など見たくない。自分たちの同等か、以下の存在として見ているから、笑い飛ばし、喝采を送るのである。

漫才師は漫才に徹してなんぼである。芸人は芸人であって、それ以上でも、それ以下でもない。東京の芸人は、大衆よりも偉くなり、師匠や芸術家となり、上から目線で、説教をはじめる。松本人志や爆笑問題の太田光や、テリー伊藤である。ただしテリーは自分を芸人だとおもっていないだろうが、筆者からみれば、ただの芸人である。

だいたい、漫才師が芸術家ぶっていると、花月では、「あほんだら、ワレまじめにやらんケー」と、ヤジと共にゲタが飛んでくる。靴でないのが大阪である。大阪の大衆は、大変きびしい。東京のように、観客が、最初から笑ってやろうと待ち構えている風土ではない。観客が芸人にへつらい笑いをする文化はない。

タモリとさんまの勘違い

タモリも、はじめてテレビに出てきた頃はおもしろかった。イグアナの真似などは、すごい芸だった。一人で、四人のマージャンを演じるのもおもしろかった。しかし、タモリも、ビートたけしと同じで、東京という風土が、いつの間にか、芸人から芸術家か、評論家になってしまった。

同じく有名人となった明石家さんまはどうか。筆者は、最近のさんまを見ていない。あまりもマンネリだからだ。しかし、たけしやタモリと比較すると、さんまは、芸人の精神を忘れていないようである。

吉本では芸人は芸人であって、芸術家ではない。この先、さんまが初心を忘れず、芸人に徹することを祈る。さんまの芸も、テレビで完全に消費しつくされており、つまらんものになっている。しかし、芸人に対する東京の甘い風土が、賞味期限の切れた明石家さんまを、かろうじて生かしているのである。それにしても、あのマンネリ芸が、どうして通用するのか不思議である。

そのまんま東か、東国原英夫か……芸人もどき、政治家もどきの勘違い男

東国原英夫《ひがしこくばるひでお》は、典型的な芸人崩れの、政治家もどき、知識人もどき、評論家もどきである。すべてが中途半端である。ものになった職業はない。一流に達した芸や職はない。テレビでは、知識人ぶって、いっぱしの評論をする。いつも野球でいう「結果論」でもってコメントする。当人は、立派なことを発言しているつもりだが、「こうすべきだった」「こうしたら良かった」「も

し○○だったら、問題は起きていない」と、結果論か、仮定の話ばかりである。

貴乃花問題の時は、「協会の理事だから、協会に報告すべきだった」、「報告をしなかったことは、間違いだった」と、貴乃花が行動したあとの結果をみて批判する。事前の忠告や予測はしない。その上、「私は協会派でもなく、貴乃花派でもない」と、自分を中立公平な立場に擬して、したり顔の正論をぶつ。そんなら、お前はコウモリかと茶々をいれたくなる。いつも、安全地帯にいて洞が峠をきめている。

なぜ、貴乃花が協会に言わなかったのか、原因や理由があるはずである。その原因と理由こそが、重要な論点であるのに、そのことについて、まったく述べない。陳腐な常識を、もったいぶって語るだけである。

宮崎県知事をやめ、国会議員をやめ、結局、お笑いタレントに徹しきれていない。きちんとした評論家になるには、あまりも勉強不足、知識・教養不足である。テレビで見ていると、自分よりも、弱いとみると、畳みかけるように、質問して、追い詰める。権威ある相手だと、黙っている。ビートたけしの腰巾着、太鼓持ち、幇間《ほうかん》である。

テリー伊藤の勘違い

●偏差値の低い男

テリー伊藤は傲慢無礼を絵に描いたような男である。自分を何様だと思っているのか。恥知らずとはこの男のためにある言葉である。厚顔無恥という点では、韓国人も真っ青である。

テリーは、嫌いなコメンテーターのワーストランキングで上位に入っている。とりわけ女性から嫌われている。その昔、テレビに登場した頃は、タブーをズバッと発言したので、視聴者にとっては新鮮な存在であった。情報番組やバラエティ番組にとって、テリー伊藤の毒舌は貴重であり、多くのテレビ局からお座敷がかかるようになった。しかし、その後、彼の知性や知識や教養の浅さが暴露され、だんだんと人気がなくなった。

もともと偏差値の低い男である。今、悪質タックル問題で、世間を騒がせている日大理事長も、偏差値の低い男である。ボクシング連盟の会長も偏差値が低い。アメフトの内田監督、井上コーチも偏差値が低い。至学館大学の女学長も偏差値が低い。政治家では、辻元清美や蓮舫も偏差値が低い。

念のためにいうと、この場合の偏差値とは、私の定義では、人間の基本的な能力や才能のことである。偏差値とは、ずばり頭の良し悪しである。学歴ではない。東大を出ていても偏差値の低い人間はいくらでもいる。これを知能偏差値、あるいは知能指数ともいう。

テリーは、偏差値の低い人間が集まっているテレビ業界で目立っただけで、世間の偏差値の高い世界に出れば、落ちこぼれである。こんな程度の低い男がもてはやされるぐらいだから、いかにテレビ局の偏差値が低いかを証明している。

●テリー伊藤の一知半解

テリー伊藤は、一知半解《いっちはんかい》のくせに、さも専門家のような顔をする。

第一次安倍内閣が退陣した時、テリー伊藤は「安倍さんは病気で辞めたのではなく、成果がなかったから辞めた」とコメントし、同席していた青山繁晴《あおやましげはる》から、事実に反していると反論された。安倍さんは潰瘍性大腸炎という難病だった。

筆者のカミさんは、安倍さんと同じ病気で、二〇日間も入院したので、この病気の大変さをよく知っている。**潰瘍性**《かいようせい》**大腸炎は、厚労省の指定難病九七である。**最寄りの保健所で認定されると、医療費の一部が助成される。ただの下痢ではない。総理大臣を辞めるほどの病気である。

平成二十五年NHK「ハーバード白熱教室」にてサンデル教授との討論会で「今のNHK番組は六十代から八十代しか見ない。ミニスカートをはいた子が司会するだけで視聴率が上がる」と提言した。サンデル教授を相手にして、あまりにも低次元のコメントである。本人は芸能界のご意見番を自称しているが、居酒屋での酒飲みレベルにすぎない。

歌舞伎役者・市川海老蔵の勘違い

すでに述べたように筆者は、歌舞伎を評価していない。どころか、徹底的な批判者であると自任している。あんな芸は、小さいころから稽古すれば誰でもできる。とりたてての才能は必要ない。

なぜ歌舞伎を評価しないかというと、第一は世襲制度であるからだ。これこそが歌舞伎を評価しない根源的な理由である。世襲には善と悪がある。善は世襲しないと途絶えてしまう職人芸である。悪は、世襲政治家と歌舞伎である。

第二は、歌舞伎が歌舞伎の世界でのみ演じていれば文句はない。歌舞伎が好きな人が見ればいいだけの話である。しかるに、現在の歌舞伎役者は、映画、テレビ、舞台、現代劇など、なんにでも、無節操に歌舞伎をかさに着て、しゃしゃり出てくるからである。

昔の阪東妻三郎《ばんどうつまさぶろう》、大河内伝次郎《おおこうちでんじろう》、嵐寛寿郎《あらしかんじゅうろう》、片岡千恵蔵《かたおかちえぞう》、長谷川一夫《はせがわかずお》、市川右太衛門《いちかわうたえもん》、大川橋蔵《おおかわはしぞう》、中村錦之助《なかむらきんのすけ》などは歌舞伎を辞めて映画界に入っている。歌舞伎と映画をかけもちするなどの無節操な人間はいなかった。きちんとけじめをつけ、仁義を切っている。しかるに現代の歌舞伎役者はダボハゼのように、なんにでも食いつくのである。その筆頭が市川エビゾウか、ザリガニか、クルマエビか知らないが、厚顔無恥な男である。

歌舞伎役者を甘やかせ、増長させている原因は、東京という風土にある。東京のマスコミも知識人も、あまりにも歌舞伎にたいして、甘すぎるのである。媚びへつらう奴もいる。歌舞伎といえば、無批判に、「へへっー」と這いつくばって、うやまうのである。批判精神のかけらもない。権威に弱い。

爆笑問題・太田光の勘違い

●文化人への道はきびしい

漫才の爆笑問題の漫才師の太田光というのがいた。

いたと言ったのは、太田も典型的な東京の漫才師がたどる文化人への道をたどっているからである。たどっているというよりは今や完全な文化人、知識人気取りである。ビートたけしや東国原英夫と同じ道である。

ビートたけしもそうだが、太田光にとって、漫才師は手段であって、関西の漫才師のように職人芸としての漫才師を生涯やるつもりはさらさらない。だから、少し有名になると、原点である漫才をいとも簡単に捨てる。漫才を一生の芸としている関西の漫才師からみると、太田などは外道《げどう》である。

太田は、相方の田中裕二とともに、テレビ・ラジオで十本以上のレギュラー番組を持っている。司会をつとめるTBSの「サンデー・ジャポン」では、政治や社会、芸能などの時事問題にコメントをする。しかし、その内容は、突拍子もないものであり、思慮深さを感じさせるようなものではない。

そもそも太田が大言壮語を吐いても許されるのは、いつも柔らかい物言いをする田中の人柄のおかげである。それは、平成二十二年五月に二週連続で放送された「情熱大陸」（TBS）というドキュメンタリーで、田中を特集した回が太田を特集した回を視聴率で上回ったことが証明している。

安室奈美恵の勘違い

●「自分だけのためのheroine（ヒロイン）」安室奈美恵

筆者は、昔は、安室奈美恵に好感をもっていた。

しかし、二〇〇〇年の沖縄サミットの時、各国の首脳に対する安室奈美恵の態度に違和感をもった。何かよそよそしい態度だった。首脳の中に、飛び込んで、外交とはいわないが、堂々と交流してほしかった。日本のミュージシャンの代表であるとともに、日本人の代表として、大人の振る舞いをしてほしかった。なにか、しらじらしい態度だった。外国のミュージシャンだったら、各国首脳と交流し、大人の振る舞いをしている。子供っぽいのである。

安室奈美恵の持ち歌に「ｈｅｒｏ（ヒーロー）」という曲がある。ＮＨＫのリオデジャネイロオリンピックの放送テーマソングになった曲である。平成二十九年の大晦日、ＮＨＫ紅白歌合戦で安室奈美恵が歌った曲である。

この曲の中に「君だけのためのｈｅｒｏ」というフレーズがある。いわゆる曲の「サビ」の部分で「君だけの〜♪、ためのヒーロー〜♪」と高らかに歌っている。しかし、安室奈美恵自身は、「君だけのためのｈｅｒｏ」ならぬ「自分だけのためのｈｅｒｏｉｎｅ（ヒロイン）」である。

安室奈美恵は、ファンや国民を大切にしない。自分のことが一番で他人のことなど眼中にない、自分勝手な「自分だけのためのheroine（ヒロイン）」であることが、安室奈美恵の行動、態度から一目瞭然である。

●紅白歌合戦への出演を渋る

平成二十九年九月二十日、安室奈美恵が一年後に引退すると発表した後、大晦日の紅白歌合戦に安室奈美恵が出演するか否かが話題となった。つまり、平成二十九年十二月三十一日の紅白歌合戦は、最後の出場機会となる。当初は出演しないのではないかという噂が流れた。

紅白歌合戦は、昭和二十六年から行われている国民的行事である。紅白歌合戦に出場することが多くの日本人歌手としてのステイタスであり目標でもある。もはや日本の文化となっていると言っていい。

そんな紅白歌合戦への出演を渋ることとは、日本の文化を、国民を馬鹿にしているのと同じことである。出演依頼が来たのであれば、つべこべ言わずに出演しろ、と言いたい。また，安室奈美恵のような自分勝手な勘違い人間であっても、出演を望んでいるファンや国民がいるのである。出場を渋るという行為自体がファンや国民に対する裏切りに他ならない。

結果的に安室奈美恵は紅白歌合戦に出演はした。しかし、紅組にも白組にも属さない特別枠での出場であった。なぜ安室奈美恵が特別枠なのか。特別枠で出演出場すること自体、「自分はほかの歌手とは違う」と思っている証拠である。何よりほかの歌手に対して失礼極まりない。

特別枠としての出演を認めたNHKの対応もおかしい。そもそも出場を渋る人間など出場させるべきではない。「出たくなければ出ないで結構」と、毅然と断ればいい。断るどころか、NHKのほうから「ぜひ出場してください」と、依頼している。そんなことをするから、ますます増長する。

●四十歳の「オバサン」の引退に興味はない

そもそもの問題として、安室奈美恵が引退を発表しただけで、なぜ世間がこんなに騒ぐのか。安室奈美恵は絶頂期をとっくに過ぎた四十歳の「オバサン」歌手である。見た目はたしかに若いがオバサンであること変わりはない。同じアイドルでも絶頂期に引退したキャンディーズや山口百恵とは、まったく異なっている。

キャンディーズや山口百恵は、年齢、性別を問わず多くの国民から愛されていた。今の安室奈美恵を支持するファンは、マニアックなダンス好きだけである。安室奈美恵は、「自分だけのためのheroine（ヒロイン）」である。全盛期を過ぎたオバサン歌手の引退に興味はない。安室奈美恵よ、アンタも大いなる勘違い女だった。

第五章　コメンテーター編

コメンテーターという勘違い人間

コメンテーターという人間は、勘違い人間の典型である。テレビを見ると、いるわ、いるわ、ごまんといる。しかも、したり顔で、恥知らずなコメントをしている。これほど恥知らずな人種もいない。たしかに、政治や経済や文化について、司会者から、振られたら、もっともらしいコメントをしなければならない宿命である。といっても、そこは、恥を知る人間ならば、謙虚に振る舞うべきであるが、長年、コメンテーターをしていると、恥の観念がなくなるらしいのである。

勘違いコメンテーターの王様は弁護士である。どこにでも首を出す便利屋である。弁護士編で述べるが、昼の番組で恵俊彰《めぐみとしあき》が司会している情報番組「ひるおび」に出演している八代英輝《やしろひでき》などは、その代表選手である。恥知らずとは、この男に尽きる。

勘違い人間や恥知らずという意味は、分限をわきまえず、出てはいけない場所に、しゃしゃり出ることである。野田聖子が、総理総裁に立候補するようなものである。

●池上彰という恥知らず

恥知らずコメンテーターの王様は、池上彰《いけがみあきら》である。この男の辞書には、恥という言葉がなく、恥知らずという言葉が載っているらしい。

いたるところに顔をだして、したり顔で喋る。自分が一番の専門家だといわんばかりである。しかし、遠からず、飽きられる時がくる。これはテレビ人の宿命である。同じ顔を、来る日も来る日も見ては、飽きないほうがおかしい。当人たちは、売れていると錯覚し、これが永久に続くと錯覚するのである。しかし、小池知事ではないが、突然、落とし穴に落っこちて、天国から地獄へ転落する。

池上の傲慢さは、選挙が終わった後のテレビ番組で明らかになる。たとえば、選挙を総括する番組に、池上がコメンテーターとして登場し、当選した政治家や、大臣を相手にインタビューする。しかし、このインタビューのやり方が問題である。いかにも上から目線で、正義の味方づらをして、角が立つ話し方で、政治家をいたぶるのである。

当選した政治家にとっては、当選直後であるから、インタビューを断るわけにはいかないので、真面目に答えている。しかし、一方の池上は、当選者のあら探しが目的であるから、検事になったつもりで執拗に質問する、というより尋問する。中には、無礼な質問に対して、むっとする政治家もいる。しかし、テレビの視聴者の前だから我慢している。

池上のやり方は卑怯卑劣である。何様になったつもりか知らないが、あまりにも傲慢無礼である。気骨ある政治家は、池上に対して「無礼なことを言うな」「人のあらさがしするのが君の目的か」とガツンと一発やってやればいい。

●増田ユリヤの勘違い

テレビ朝日に、橋本大二郎《はしもとだいじろう》が司会する「ワイド・スクランブル」という情報番組がある。橋本大二郎は、良識ある人で、安心して見ることができる。しかし、出演しているコメンテーターには、疑問符をつける人間が多い。

とくに池上彰と一緒にでて、国際的な問題をコメントする増田《ますだ》ユリヤという教師らしき人がいる。政治問題や国際問題を論じるには、あまりに能力不足である。歴史の教師だそうだが、戦史を知らない人間が歴史の教師とは笑止である。

たとえば、本年、二月十九日、羽生結弦の金メダルの様子をみようと、ワイド・スクランブルを見ていた。その中で、池上彰と増田ユリヤの二人が徴兵制についての特集に出ていた。しかし、この二人には、徴兵制を語る資格はない。二人とも軍事オンチ、戦史オンチだからである。

まず増田ユリヤは、韓国の陸軍兵力を二十六万と表示していたパネルを使っていた。これを見ただけで、軍事を語る資格はない。軍事の素人でも、韓国軍の兵力がその程度ではないことを知っている。韓国軍は、北朝鮮の百万人の大軍と対峙している。二十六万人などという数字が間違いだとすぐ気が付くはずだ。

韓国軍は陸軍五十二万、海軍六・八万人（内海兵隊二・七万）、空軍六・五万である。総兵力六五・三万人である。世界的にみても軍事大国である。国防費は、平成二十九年度の防衛白書によると、四百二十一億ドルである。対GDP比は二・四％である。

日本の兵力は、陸が一四万人、海が四・二万人、空が四・三万人、計二二・五万人である。防衛費四七〇億ドル、GDP比一％である。

韓国は日本の約三倍の兵力である。近い内に防衛費は、韓国の後塵を拝することになる。近年、韓国が日本をなめるのは軍事力の充実がある。現実の世界の政治は軍事力が仕切っているからである。経済力は劣るがロシアの軍事力は強大である。ゆえに国際的に発言力がある。ロシアの脅威を前に、周辺国は徴兵制を復活させようとしている。徴兵制しか、ロシア軍に対抗する手段はないからだ。

ジャーナリスト・新聞記者という勘違い人間

勘違い人間の代表の一人が、ジャーナリストや新聞記者という人種である。取材という他人のフンドシで仕事をしているくせに、自分は偉い人間と錯覚している。何か仮説を発見したとか、斬新な理論を創造したとか、専門的に研究したとか、そんなことは一切ない。すべては他人だのみである。

有名な人では鳥越俊太郎《とりごえしゅんたろう》や故筑紫哲也《ちくしてつや》である。とくに、鳥越俊太郎は、二〇一六年の東京都知事選挙に立候補して、大恥をかいた。都知事としての斬新な政策がなく、ジャーナリストという人間の底の浅さをさらけだした。専門的な知識はなく、まさに便利屋か、何でも屋である。

あれがジャーナリストの限界である。毎日新聞の新聞記者出身であり、同時に、新聞記者という人間の底の浅さを証明した。新聞記者やジャーナリストというものは、講釈を垂れるのが商売である。現実の政治問題に対する政策立案能力はないし、実行能力もない。同時に立候補していた増田寛也は、元官僚だけに専門的な知識があった。

新聞記者は、仕事上、政治家や財界人や文化人など、世間の偉い人や、成功している人に接している。長年、そんなことをしていると、自分まで偉くなった、成功者だと錯覚をおこすのである。さらに、自分は何でも知っている、分かっている、理解していると、思い込むのである。世間の人間をバカにしたり、上から目線で見るようになる。しかし、新聞記者諸君に言いたい。「偉いのは成功者であって、お前ではない」と、冷や水をあびせてやりたいものである。

コメンテーター末延吉正は大学教授なのか

すでに述べたように橋本大二郎がキャスターをつとめる「ワイド・スクランブル」の中で、コメンテーターとして、週に何回か出ているのが末延吉正《すえのぶよしまさ》という人物である。以前は、東海大学教授という肩書で出ていたが、先日、テレビをみると、「ジャーナリスト・東海大学教授」となっていた。

末延吉正は、大学卒業後、テレビ朝日に入社し、特派員などを経ている。テレビ朝日を退社後、独立している。その後、いつの間にやら東海大学教授になっている。大学教授という肩書をちらつかせて、箔《はく》を付けたつもりである。テレビに出演することに忙しい男が、どんな研究をしているのか、学生を教えることができるのか、疑問だらけである。この男にとって、大学は自分がテレビ界で、活躍するための肩書として利用しているだけである。大学教授の二大責務である研究も教育もやっているはずがない。

東海大学のホームページで、末延吉正を検索してみた。以下、東海大学のホームページから引用した。

★所属学部は文化社会学部の広報メディア学科である。
★主要授業担当科目は、ジャーナリズム史、メディア概論、ジャーナリズム演習、国際ジャーナリズム、広報メディア・アクションリサーチ、ゼミナールとなっている。
★専門分野は、ジャーナリズム論、政治コミュニケーション論、国際報道論（米国、ロシア、アジア）となっている。
★現在の研究課題は、メディア政治研究（小池劇場型政治）、日露およびユーラシアの国際関係（地政学）、トランプ現象とポピュリズム（ＳＮＳ）となっている。
★所属学会は、日本マス・コミュニケーション学会、日本政治学会、日本選挙学会、（公財）情報通信学会、**日本記者クラブ**となっている。
★主要な論文・著書
『政治権力としてのテレビ―小泉テレビ政治を中心に―』（慶應義塾大学、二〇一三年）。「怪物君になったテレビ局―テレビ報道の光と影―」『公共放送ＢＢＣの研究』（柴山哲也・原麻里子編著。ミネルヴァ書房、二〇一一年）。「独占手記 我が友 安倍晋三 苦悩の３５０日」『月刊現代』（講談社、二〇〇七年十一月）。「橋下徹 人気の源泉は卓抜な言語能力にある」『月刊リベラルタイム』（リベラルタイム出版社、二〇一一年三月）。「Two Key Politicians Look Ahead」『JAPAN ECHO』(JAPAN ECHO, 二〇〇八年八月)。

「解説30年の時を超えて」『清貧と復興―土光敏夫１００の言葉―』（出町譲著。文春文庫、二〇一四年）。

以上がホームページにでている。

専門科目や授業科目は、ジャーナリズム論となっている。ジャーナリズム論とはいったい何だ。ホームページを見たかぎり、新聞記者あがりの末延吉正が、ジャーナリズム論について、専門的な学問を研究したという形跡はない。驚いたことは、日本記者クラブが所属学会になっている。記者クラブは学会か、これは初耳である。

もっと驚いたのは、主要な論文・著書の項目である。第一、専門書（単行本）がゼロである。専門書のない大学教授はありえない。専門書は学者の生命線である。大学教授ならば著書が十冊や二十冊あるのが当然であるが、この人物には単行本がゼロである。

第二、主要著書論文と書いているが、論文だと自称しているものは、市販の月刊誌や雑誌に書いたものである。こんなものは論文とはいわない。学者ならば学会論文を執筆せよと言いたい。さらに、他人が著書である文庫本に書いた解説を論文としているのには、開いた口がふさがらない。

末延吉正は、専門の論文も専門書もゼロである。著書のない大学教授というものがありえるのか。こんなお粗末なことが通るほど東海大学の審査は甘いのか。テレビに出て、自己主張ばかりする、韓国人の金慶珠といういかがわしい女も東海大学教授である。東海大学の創設者であり、偉大な松前重義が泉下《せんか》で嘆いているだろう。

コメンテーター龍崎孝の勘違い

龍崎孝《りゅうざきたかし》というコメンテーターがいる。テレビに出るときの肩書は流通経済大学教授となっている。彼は元毎日新聞社記者であり、その後、毎日新聞からTBSの記者になっている。この人物は、末延吉正よりは少し謙虚である。末延吉正のように、大学教授を全面に出さないからだ。

この人物について、流通経済大学のホームページを見よう。

★所属を見ると、スポーツ健康科学部大学院スポーツコミュニケーション学科スポーツ健康科学研究科教授である。

★学歴/経歴を見ると、横浜市立大学大学院　都市社会文化研究科　博士後期課程修了。横浜国立大学教育学部卒業。毎日新聞社、TBSテレビ勤務を経て本学である。

★担当科目を見ると、スポーツと政治　スポーツと情報処理 となっている。

★研究・専攻分野を見ると、メディアスポーツ論、スポーツ表象論、地域社会論、現代日本政治過程論となっている。
★実績（著書・論文・研究発表）を見ると、著書「小沢一郎の逆襲」「首相官邸」「議員秘書」となっている。論文を見ると、「三陸をめぐる表象と空間編成：その歴史性と権力」「題材としての明治三陸大津波と「津波絵」という表象」「近世三陸の海における領域と境界⑴⑵⑶」その他、メディア情報誌「調査情報」における連載「三陸彷徨」⑴〜㉙等となっている。
★所属学会を見ると、日本文学教会、日本地理学会、人文地理学会、東北地理学会となっている。
★学生へのメッセージを見ると、31年間の新聞記者、テレビ記者生活を通じ政治やスポーツ、災害報道、国際放送に携わってきました。これらの実績を踏まえて、スポーツとメディア、ジャーナリズムについて一緒に考えていきましょう。そこからスポーツが社会に与えるものを明らかにしたいと思います。

政治記者をしていた人間が、なぜ流通経済大学のスポーツ健康科学部教授なのか理解に苦しむ。スポーツ科学部の大学教授というからには、スポーツ科学についての専門分野の論文や著書が必要であるが、それらしきことを研究したという形跡はまったくない。政治畑の記者が、まったく場違いなところにいる。まさに大学という組織のでたらめぶりを証明している。大学教授には研究と教育の二つの職務がある。龍崎には専門分野がなく、まして教育は素人である。人を教えたことのない人間が大学教授とは、学生を舐め、親を舐め、世間を舐めている。

玉川徹の勘違い……揚げ足取りの玉川

テレビ朝日に「羽鳥慎一モーニングショー」というのがある。その中のコメンテーターが玉《たま》川徹《かわとおる》である。この男の特色は、何にでも文句をつけたり、揚げ足を取ったり、皮肉を言ったりする。これほど人間がひねくれた男は少ない。命名すると、「揚げ足取りの玉川」か、「いちゃもんの玉川」である。

さて、番組の中でこんなことがあった。二〇一八年ワールドカップロシア大会、六月二十八日のポーランド戦の結果、日本は予選を突破できた。ポーランド戦の後半、日本は時間を稼ぐ戦術をとった。残り時間、ボールを回し、時間稼ぎをした。そして、予選を突破するという大きな目標を達成した。

筆者は、あの戦い方は当然であると考えている。目的が予選の突破である。危険をおかす必要はない。もし、攻撃に転じて、ポーランドに負けていたら、ドーハの悲劇の再来となっていただろう。

しかるに、「羽鳥慎一モーニングショー」において、予想通り、玉川徹が日本の戦い方を批判した。概要は次の通りである。①消極的な戦い方である。②日本サッカーは勝ちに行くサッカーと言っているのだから、あのやり方は間違っている。③日本サッカーの将来のことを考えたら積極的に攻撃しないとおかしい。

などなど、日本の戦い方は間違っていると断言した。同じコメンテーターの吉永みち子も同じように反対した。しかし、解説していた松木安太郎《まつきやすたろう》と長嶋一茂《ながしまかずしげ》は、今回の戦略は正しいと主張した。予選突破という大きな目的を達成したのだから正しい戦略戦術だったという意見である。松木や長嶋は、元プロのスポーツマンである。実践的であり現実的である。理想論やベキ論では通用しないことを体験で知っている。

吉永は、「サッカーに素人であるが」と、言い訳し、したり顔のコメントしていた。この手のモノ言いは、評論家・コメンテーターと称する人間がよく使う言い方である。素人というならば、意見を言うな、黙っていろと言いたい。

問題は玉川徹である。この男、なんにでも揚げ足を取り、いちゃもんをつけないと、おさまらない、ヘソ曲がり男である。玉川の言っていることは、「○○すべきだった」「こうすべきだった」「こうあるべきだった」というべき論である。世の中のことが、「べき論」で通用したならば、悲劇も喜劇も起きない。べき論や理想論でいかないのが、世の中であり、人生というものである。

ポーランド戦は、観客からブーイングを浴びた。しかし、ブーイングを浴びようと、何を言われようと、日本の目的目標は予選突破である。予選を突破するための最良の方法が、西野監督のやり方である。予選突破に成功したのだから結果オーライである。

反対に、玉川のようなべき論者は、もし、あの時、日本が積極的に攻撃し、その結果、予選突破に失敗していたら、「なぜ攻撃したのか、やるべきでない」などと、非難するのは間違ない。べき論者というのは、自分の都合の良いように、ものごとを解釈するご都合主義者である。

久しぶりの決勝トーナメント進出であった。日本国民として大いなる喜びであった。日本人を元気にし、経済効果は大であった。誰からも文句を言われる筋合いのない結果であった。玉川や、吉永のようなコメンテーターという人間の底の浅さを露呈した一件だった。

作家編

●橋口いくよの勘違い

橋口《はしぐち》いくよという女がいる。ビートたけしの番組「TVタックル」などで、時々、見る女である。「TVタックル」そのものが、勘違い番組の最たるものである。ビートたけし、大竹まこと、東国原英夫と、勘違い人間のオンパレードである。単なるお笑い芸人が、いっぱしの政治や経済や文化の評論家ぶって、手垢のついた陳腐なコメントを垂れ流す恥知らずな番組である。

この番組に、いつのころからか、橋口いくよという作家を名乗る女が出演するようになった。四十四歳だそうだが、少女趣味の服装をして、無理に若作りをしている。作家という肩書で、したり顔でコメントするが、知識・教養・経験のなさはいかんともしがたい。

文学史にのこるような小説を書いていないのに、マスコミが作家などと、もてはやすから、当人もその気になっている。世の中には、もの凄い専門家や研究者がいる。テレビやマスコミが知らないだけである。

橋口の言うことを聞いていると、政治や、社会や、経済や、文化について知識・教養・経験がないことがすぐわかる。作家という万能の肩書を名乗るから、何でも知っているとテレビ局が錯覚し、起用するのである。その上、少しかわいいから、テレビ局はこの手の人間を使いたがる。

それにしても、作家とは便利で効能が高い肩書である。実力のないハッタリ屋が名乗りたがるのはよくわかる。作家といっただけで、バカなマスコミが「へへっ」と、かしこまるのである。

エッセイストの勘違い

●佐藤優の勘違い

佐藤優《さとうまさる》という元外交官がいる。外交問題の分析では一流である。しかし、この人物も、最近、肩書は、「作家・元外務省主任分析官」となっている。外務省分析官の上に作家がのっている。佐藤よ、お前もかと言いたい。作家という肩書は、それほど魅力があるものらしい。

佐藤などは、どっからどうみても、外務省の元役人である。とここまで書いて、平成三十年八月十九日の産經新聞の一面を見ると、なんと作家佐藤優として寄稿している。佐藤クン、君もとうとう作家になったか！

筆者の経験でいうと、肩書にこだわる人間は信用できない。故小室直樹先生は無冠の大天才だった。あれほどの人物は空前絶後である。ある人は、弘法大師以来の天才だと言った。真に才能がある人は肩書なんぞに何のこだわりもない。肩書をつけているかぎり、人間は悟りの境地に達していない。肩書とは、色即是空《しきそくぜくう》・空即是色《くうそくぜしき》である。すなわち「空」である。

●阿川佐和子の勘違い

阿川佐和子《あがわさわこ》というタレントがいる。「TVタックル」や、「サワコの朝」などの司会者である。「サワコの朝」では名司会者であるが、「TVタックル」では凡庸な司会者である。

しかし阿川といえば、われわれの世代は、佐和子の父親の阿川弘之《ひろゆき》である。『雲の墓標』『山本五十六』『米内光政』『井上成美』『軍艦長門の生涯』などを熱心に読んだものである。一つの時代を画した作家である。

しかし、戦史を研究していくうちに、阿川弘之の思想に違和感を持つようになった。阿川は、①海軍びいきである。②山本五十六《いそろく》びいきである。③陸軍嫌いである。

太平洋戦争の最大の責任者は山本五十六であると筆者は考えている。日本を悲劇に陥れた真珠湾攻撃は、山本の短絡的な作戦だった。真珠湾を攻撃する必要はなかった。シナ事変が泥沼に陥っているのに、対米戦などは狂気の沙汰である。バクチ好きの山本によるバクチのような作戦だった。

山本は、海軍あって国家なしの人間だった。東条英機《とうじょうひでき》よりもはるかに問題のある人物である。山本の上司、米内光政《よないみつまさ》も無能だった。敗戦の時、高位高官でありながら腹を切らなかった。敗戦の責任をとって腹を切った将軍は、陸軍軍人が圧倒的に多かった。海軍は特攻隊の生みの親・大西瀧治郎《おおにしたきじろう》など数えるほどしかいなかった。戦後、流布している「海軍善玉・陸軍悪玉論」は、大間違いである。陸軍には、阿川が考えるよりもはるかに優れた人材が集まっており、優れた戦略があった。石原莞爾《いしはらかんじ》はその代表である。石原にとって、シナ事変は狂気の沙汰であり、対米戦は驚天動地だった。

さて、阿川佐和子に戻ると、今は、エッセイストと名乗っている。このエッセイストというのも不思議な名称で、これを名乗る人は女性に多い。作家になれない人間が、エッセイストと名乗っている。本心は作家を名乗りたいのだが、作家を名乗るには実力不足だと、さすがに自覚しているのだろう。しかし、佐藤と同じで、ある日突然、エッセイストから作家になっている可能性はある。

●下重暁子の勘違い

下重暁子《しもじゅうあきこ》は、NHKのアナウンサーとして有名だった。しかし、最近、テレビを見ていると、作家・下重暁子という肩書で出演していた。元アナウンサーから作家に出世したらしい。『家族という病』(幻冬舎)を出版し五十万部のベストセラーになった。最近は、『極上の孤独』(幻冬舎)を出したが、これも売れている。これで完全に作家を名乗ってもいいだろうと自分で判断したのだろう。

しかし、本来、作家とは小説家のことである。下重暁子には小説がない。小説がないのに作家とは摩訶不思議である。評論を書いているのだから、評論家か、随筆家か、エッセイストである。しかし作家という名前は、よほど魅力があるのに違いない。テレビに出ても、講演しても、ギャラが違うだろう。とにかく、作家を名乗りたがる文化人、知識人が多い。

作家は、個人の能力や実力を売り物として、肩書や権威など糞くらえと公言しているくせに、作家という肩書にこだわっている。この矛盾を矛盾と思っていないのだから、勝手な人種である。この作家という連中は、作家という名前を自分の都合に合わせて使い分けるのである。都合が悪くなると作家を隠れ蓑にする。都合がよいときには、なお一層、作家という看板を表に掲げて行進する。まことに勝手で、自己中心の人間である。

下重暁子の『家族という病』がよく売れたそうだから、今度は『作家という病』を書いてもらいたい。

●吉永《よしなが》みち子の勘違い

吉永みち子は、一九八四年、『気がつけば騎手の女房』（草思社）という本を書いてデビューした人物である。肩書はノンフィクション作家となっている。しかし、作家としての作品はなんだと言われたら思い浮かばない。

吉永は、以下のような政府関係の各種の委員をしてきた。委員屋である。政府税制調査会、地方分権改革推進会議、郵政行政審議会、外務省を変える会などの委員、大阪地検特捜部主任検事証拠改ざん事件の後の検察の在り方検討会議委員、映画倫理委員会委員、民間放送教育協会の会長などである。

まさに政府や官公庁系の各種委員のオンパレードである。作家としてデビューしたが、作家の活動はほとんどない。政府系の委員か、テレビでコメンテーターをしている。

この人の職業は作家ではなく、コメンテーターということになる。しかし、コメンテーターとは何ぞやである。テレビに巣くっている何でも屋か、便利屋である。それでは権威がないので、ほとんどのコメンテーターが、弁護士や大学教授や作家の肩書を欲しがるのである。八代《やしろ》英輝《ひでき》、末延吉正《すえのぶよしまさ》、龍崎孝《りゅうざきたかし》などである。

吉永は、作家と名乗るにはおこがましいのか、ノンフィクション作家と名乗っている。作家とノンフィクション作家の違いは何だと聞かれたら、困るのではないか。この分類に従うと、作家には、フィクション作家とノンフィクション作家の二通りがあるらしい。夏目漱石《なつめそうせき》や森鷗《もりおう》外《がい》や司馬遼太郎《しばりょうたろう》や山本周五郎《やまもとしゅうごろう》や池波正太郎《いけなみしょうたろう》や藤沢周平《ふじさわしゅうへい》は、フィクション作家ということになるらしい。当人たちは、天国でどう思っているのだろうか聞きたいものである。

夏目漱石は、『坊ちゃん』について、「あれはフィクションとは言い切れない、ノンフィクションの要素もあるよ」と反論するだろう。森鷗外には、『大塩平八郎』『堺事件』など、歴史ものが多いので、フィクションではない。司馬遼太郎の『竜馬がゆく』『坂の上の雲』『燃えよ剣』などは、歴史上、実在した人物が主人公であるから、完全なフィクションではない。

ようするに、作家という肩書そのものが、便利なものであり、曖昧なものである。しかし、作家と名乗るには、これといった小説がない人が、おそるおそるノンフィクション作家と名乗るのではないかと私は思っている。

第六章

弁護士という勘違い人間

●勘違い人間は弁護士につきる

日本では弁護士と名乗れば、どこにでもしゃしゃり出て、専門家ぶってしゃべる。厚顔無恥の代表的な人種である。テレビをつければ、弁護士であふれている。いったいどういう神経なのか、あきれ果てる。六法全書を読んで、司法試験とやらに受かると、突然、偉くなる。不思議な国である。日本では弁護士の地位が高すぎる。弁護士団体は、司法試験の合格者を制限し、弁護士が増えることをいやがっている。既得権益が失われるからである。

諸外国の弁護士の数は以下の通りである。

アメリカ百二十万人　イギリス十四万人　フランス六万人　ドイツ十六万人

日本三・七万人

ほかの先進国と比較して、日本は弁護士の数が圧倒的に少ない。弁護士団体は、既得権益を守るために、弁護士の数が増えるのを大変恐れている。先進国では、弁護士は、特別の職業ではない。弁護士を特別の職業としている日本は異常である。既得権益に守られて、日本の弁護士は威張っているのである。

アメリカは、三億の人口で、弁護士は百二十万人、日本の三十二倍もいる。当然、激しい競争をしている。ゆえに弁護士という肩書に安住していない。有能でなければ淘汰され、失業である。

日本という国では、特定の団体が、既得権益を守るために団体をつくり、参入を防ぎ、自分達の利益をむさぼっている。自由競争という概念がない。すべての職業には、自由競争が必要である。無能な人間は淘汰される。

弁護士という資格をもっているが、弁護士ではメシを食えないので、テレビに出演し、弁護士という過去の肩書を使って、タレント活動で生きている。本業は弁護士ではなくタレントである。一日中、テレビに出ていると、弁護士稼業はやっているはずがない。いったいいつ勉強するのかと言いたい。弁護士としての能力はゼロになっているはずである。ゆえに、肩書をタレントか、コメンテーターに変更してもらいたい。

●八代英輝の勘違い

ＴＢＳテレビで、タレントの恵俊彰《めぐみとしあき》が司会し、昼に放映されているニュースバラエティに「ひるおび」という番組がある。司会者は恵俊彰である。きらりと光る才能はないが、気配り、心配りがゆき届いている人物である。問題は、コメンテーターに八代英輝《やしろひでき》という弁護士がいる。この男こそ、勘違い人間の代表的な人間である。

この男、したり顔で、何にでもコメントする。知識と教養と礼節をわきまえる人間ならば、恥ずかしくて、とても言えないことを平気でいう。

その上、八代英輝は、喋るとき、女子高生が喋るように、語尾を伸ばす。

「とユーカー、この問題ワー、政治的ナー、問題があってエー、なかなか解決ガー、難しくテー」という具合である。気色が悪いので、この男が喋りだすと、すぐチャンネルを変えることにしている。知性のない顔をしている。身の程知らず、自分を知らず、分限をわきまえない、恥知らずである。あれだけ毎日、テレビに出ていると、腰をすえて研究や勉強をする時間がない。テレビ局は、安易にこういう手合いを使う。便利なのであろうが、視聴者を完全に舐めている。視聴者の知的レベルは高いということを、テレビ局も、八代英輝も、まったく認識していない。ゆえに勘違いテレビ局、勘違い八代英輝である。

●徴兵制……萩谷麻衣子のトンチンカン

萩谷麻衣子《はぎやまいこ》という弁護士がいる。橋本大二郎の「ワイド・スクランブル」に出演している。

萩谷は、ある時、番組の中で、徴兵制についてコメントを求められて、こう述べた。「私は徴兵制には反対ですが、徴兵制は、若い人だけでなく、年配の人も負担することが大切です」と。徴兵制に反対と発言したが、反対理由の論理的な説明がない。徴兵制＝悪＝反対、という戦後平和主義者の条件反射である。年配の人も負担せよと言っているが、年配とは何歳のことか。専門外のことは、黙っていれば、化けの皮ははがれなかった。

ここで参考までに日本の戦前の徴兵制（陸軍）について触れてみよう。

前年十二月一日からその年十一月三十日までに、二十才に達した成年男子は、徴兵検査を受けることになっている。検査は、原則として、四月十六日から七月三十一日までに行われる。結果の判定は、甲種、乙種、丙種、丁種、戊種の区分がある。現役兵に適するのが甲と乙である。丙は国民兵役に適すが現役に適さずである。丁は兵役に適さず。戊種は病気中の者である。

兵役の区分は、⑴常備兵役、⑵補充兵役、⑶国民兵役の三つがある。

⑴常備兵役は、①現役、②予備役《よびえき》の二つである。①現役は二年間である。その現役を終わると、その後、②予備役として十五年四カ月間、いつでも兵役に服する義務がある。

⑵補充兵役は、①第一補充兵役、②第二補充兵役がある。①第一補充兵役は現役に適する者

で、招集に応じる期間は十七年四カ月である。②第二補充兵役は、現役兵や第一補充兵役に徴集されなかった者である。期間は十七年四カ月である。

(3)国民兵役は、①第一国民兵役、②第二国民兵役の二つである。①は予備役を終わった者で四十歳まで招集に応じる義務がある。②はほかの兵役に適さなかった者である。十七歳(志願)から四十歳まで兵役に服する義務がある。

昭和初期には常備兵役の中の現役兵だけで構成した。しかし、大東亜戦争が長くなると、補充兵役、国民兵役まで総動員することになった。徴兵制を語るには、前提として、軍事知識、戦争論の知識がいる。今日や昨日の即席で答えられるテーマではない。萩谷が、「私は徴兵制には反対ですが……」と、したり顔で答えたが、この応答そのものが、典型的な戦後の偽善的な平和主義にかぶれた応答である。

●徴兵制は国防の最終手段である

萩谷麻衣子には、徴兵制=悪、と刷り込まれている。しかし、徴兵制は悪ではない。さらに言うと、徴兵制は善も悪もない。近代の民主主義国家では、納税、教育、兵役は国民の三大義務である。

徴兵制は、フランス革命後の、デモクラシーの誕生とともに生まれた制度である。国防を、傭兵《ようへい》に任せるのではなく、国民が平等に担う制度である。これほど民主的な制度はない。金持も、貧乏人も、政治家も、官僚も、職人も、百姓も、すべての国民が担うのであるから、徴兵制は国家防衛の最終手段である。フランス革命後、諸外国からの干渉を防ぎ、フランスは国土防衛のために、すべてのフランス人が国防に準じたのである。

すなわち、国家が、危急存亡の危機に陥った時、徴兵制以外に国家を守る手段はない。男も、女も、老若男女、全国民が鉄砲をもって戦うのである。イスラエルは男女ともに徴兵制である。男も女も兵士として国防を担う。

スイスは国民皆兵の武装中立国家である。四十八時間以内に約四十万人の兵力を動員できる。そして近代兵器も装備している。戦車、戦闘機、大砲など最新鋭のものを揃えている。先端技術の武器輸出でも有名である。自衛隊も輸入している。国民は自宅に武器を保管し、有事に備えている。

平和ボケするということは、時々刻々と変わる、世界の軍事情勢から遅れることであり、非常に危険なことである。萩谷とかいう弁護士に、イスラエルとスイスの爪の垢でも煎じて飲ませたいものである。こういう手合いが、したり顔で、平和を説くことは無責任であり、大変危険である。平和とは危険と同義語である。

オウムと弁護士の勘違い

●オウムに破防法を適用しなかった弁護士の勘違い

平成三十年七月六日、オウム事件の死刑囚、麻原彰晃をふくむ七人に死刑が執行された。その後、七月二十六日、残りの六人にも死刑が執行された。

命じた上川陽子《かみかわようこ》大臣は、歴代法務大臣の中で決断力のある立派な大臣である。男の大臣が腰抜けで、女性の大臣が度胸と決断力がある。

死刑が確定しているのに、放置しておくのは、とんでもない間違いである。法の正義を実行せずして、法治国家とは言えない。死刑制度がある以上、執行するのは当然である。長年、放置してきたことこそ問題である。法務大臣が義務を放棄するならば、大臣の資格はない。即刻、辞めろと言いたい。

一連のオウム事件で二十九人が死亡した。負傷者は六千人を超えた。教団内でも五名が殺害された。事件の死者・行方不明者は三十名を超える。今も後遺症で苦しんでいる人がたくさんいる。植物人間のようになった人もいる。なんという残酷な話であることか。亡くなった人の冥福を祈り、後遺症で苦しんでいる人に対して、日本人として、心からお見舞いを申し上げたい。この人たちの救済をはかるべし。

ふりかえると、坂本弁護士殺害事件が一九八九年（平成元年）、松本サリン事件が一九九四年（平成六年）、地下鉄サリン事件が一九九五年（平成七年）である。

今年で坂本事件から二十九年、松本サリン事件から二十四年、地下鉄サリン事件から二十三年、そして麻原の逮捕（一九九六年五月）から二十二年、死刑判決（二〇〇六年）から十二年である。

なんと長い時間であることか。素朴な疑問は、なぜ死刑までにこんなに時間がかかったのかということである。死刑執行すると麻原の死が神格化されることを恐れていたのか。むしろ、早く死刑を執行していたほうが麻原の神格化を防いだかもしれない。すばやく判決し、すばやく刑を執行し、事件にけじめをつけるべきだった。遅くなればなるほど神格化が進む可能性が高い。

●破壊活動防止法に反対した弁護士の勘違い

七月六日の死刑執行の後、テレビで、多くのキャスターや弁護士や関係者が事件について語っていた。しかし、気になったのは、破壊活動防止法を適用しなかったことについて触れるマスコミがほとんどなかったことである。オウム教団はテロ集団である。ゆえに、公安調査庁は、オウム教団に対して破壊活動防止法を適用すべきだと、公安審査委員会に提言した。しかし、公安審査委員会は適用を却下した。これは致命的な判断ミスである。

また公明党や社会党や左翼がかった政治家や弁護士や評論家が反対した。政治家では福島瑞穂や辻元清美などである。当時の首相だったのは社会党の村山富市《むらやまとみいち》だった。ゆえに消極的だった。自由法曹団などという弁護士団体は強硬に反対した。ようするに、当時、リベラルを気取った連中と、左翼の人間が破防法の適用に反対した。

その結果、オウム教団は姿を変えて、今も生き残っている。信者は一千から二千人はいる。各地に拠点を設け、活動している。

破防法の適用を否定した当時の公安審査委員会の罪は万死に値する。メンバーは左記のような人間である。委員長の堀田は弁護士である。

委員長：堀田勝二（元日弁連副会長、元法制審議会委員）
委　員：柳瀬隆治（元東京高裁判事）
委　員：中谷瑾子（慶応大学名誉教授）
委　員：山崎敏夫（元外務省官房長、三菱商事顧問）
委　員：青井舒一（東芝会長、経済同友会副代表幹事）

委　員：山崎恵美子（元東京高検検事）
委　員：鮫島啓司（元日本経済新聞社専務取締役、日本経済研究センター研究顧問）

このメンバーは、どいつもこいつも腰抜けで、みずから責任を取って、国家の大事を救うという気概も度胸もない。みんな社会的な地位は高いが、それにふさわしい責任感がない。

オウム事件は、二十九名の死者と六千人の負傷者をだした。今も後遺症で苦しんでいる人たちがいる。この人たちのことなど、これっぽっちも考えていない連中である。火中の栗を拾う勇気のない人間である。社会的地位が高ければ高いほど、ノブレスオブリッジを持たなければならないのに、その勇気も気概もまったくない。何が弁護士だ。検事だ。学者だ。経営者だ。恥を知れと言いたい。

ヤメ検弁護士のオンパレード――日大第三者委員会の不思議

●ヤメ検弁護士の勘違い

日大アメフト事件で、日大が第三者委員会を設けた。しかし、そのメンバーを見たとき、唖然とした。ヤメ検と弁護士のオンパレードだからである。しかも委員長には、元検事長を据えている。ヤメ検をトップにして、弁護士を並べれば、問題が解決すると思っている日大の頭の悪さには、いまさら驚かないが、権威を振りかざす旧態然とした姿勢にはバカは死ななきゃ直らないと思った。

弁護士を並べれば、世間は「へへっー」とひれ伏し、問題が解決すると思っているのか。思っているとしたら、世間をなめている。こういう連中には、世間の知的水準の高さを理解できないらしい。上から目線で、世間を一段も二段も低くみている。おれたちは偉いのだ、おれ達が出場すれば問題はすぐ解決すると錯覚している。

★日大アメフト部第三者委員会のメンバー

委　員　長　勝丸　充啓《みつひろ》　弁護士（元広島高等検察庁検事長）
委員長代理　辰野　守彦　弁護士
委　　　員　本田　守弘　弁護士
委　　　員　山口　幹生　弁護士（元広島地検次席検事）
委　　　員　齋藤　健一郎　弁護士（元東京地検特捜部）
委　　　員　和田　恵　弁護士
委　　　員　磯貝　健太郎　弁護士

●専門バカという名の世間知らず

太平洋戦争中、軍事問題の解決方法として、日米英の間に決定的な違いがあった。日本は軍人だけで問題を解決しようとした。軍事の素人に何ができるかという狭い了見であった。しかし米英は各分野の専門家やスペシャリストを集めた。物理学者、数学者、心理学者、経済学者、社会学者など、各専門分野の専門家である。戦争とは、一見、関係なさそうであるが、実は問題解決という点における高度な専門家だった。

日本の神風特攻隊対策、ドイツのUボート対策では、数学者や統計学者が、対策を考えた。その結果、戦後、オペレーションリサーチという学問が生まれた。

日米英では、問題解決に対する考え方が、根本的に異なっている。軍事問題は、軍人でないと出来ないという発想は、偏見であり、ものの見方がゆがんでいる。日大の第三者委員会の問題は、かつての日本軍と同じ発想の委員会だからである。弁護士という法律の専門家ばかりを集めている。ほかの分野の専門家はただの一人もいない。**弁護士は法律の専門家であるが、問題解決の専門家ではない。**法律の条文を暗記している専門バカである可能性が高い。

日大問題は、すでに法律問題を超えている。スポーツ問題はもとより、経営問題、組織問題、社会問題、心理問題である。弁護士よりも、企業経営や組織論の専門家、社会学の専門家、心理学の専門家、そして、スポーツ問題の専門家が必須である。ところが、第三者委員会には、経営や組織や社会や心理はもちろん肝心のスポーツ問題の専門家もいない。

●組織論からみた大学と企業の違い

大学の最大の問題点は、一元化された指揮命令系統が存在しないことである。多くの大学で、経営と教育の二つに分離している。経営側のトップは理事長である。教育側のトップは学長である。

しかし指揮命令の権限は、経営側なのか、学長なのか、だれにあるのか明瞭ではない。普通、私立大学では理事長が最高責任者だというが、大学という教育機関である以上、学長が最高責任者であるべきである。学長は何のためにあるのか。学長は大学の経営に参加できないのか。大学には組織論や統治論や指揮命令系統が確立されていない。日本の大学は組織論として未発達である。

大学は株式会社の組織論を学ぶべきである。現在の株式会社制度は、もっとも近代化された組織論で運営されている。株式会社は、株主、社長、取締役、社員で構成されている。さらに、ステークホルダーという取引先、銀行などの利害関係者が関係している。トップの権限をチェックし、コントロールするのが株主総会であり、取締役会である。内部では監査役である。銀行も監視する。ゆえに上場企業は、二重三重に、きびしくチェックされ、独裁者が出現する可能性はない。これが近代組織論の最高形態としての株式会社である。

しかし、大学には、株式会社のような、二重三重のチェック機関はない。ゆえに、日大理事長のような独裁者が出てくるのである。今回問題になった日本ボクシング連盟も同じである。一般社団法人を名乗っているが、近代的な組織論がまったく欠如している。財団法人や社団法人と名乗っても、組織論が欠落しているかぎり、独裁者が出現することを肝に銘じることである。

財団法人や社団法人という組織を安易に認可することに問題がある。役人の天下り先となるのである。筆者は、財団法人や社団法人の廃止を提言したい。

●弁護士の数を劇的に増やせ

日本の弁護士の質を高めるには、弁護士の数を劇的に増やすことである。

弁護士の数を欧米先進国並みに増やし、激しい競争によって、優れた弁護士が生まれることが、社会的な利益になる。既得権益を守ろうとすると、中世のギルドではないが、保守的、閉鎖的になる。結局、国民の益にはならない。弁護士のエリート意識、特権階級意識を打破することが、日本全体の知的生産性を高めるために必要である。

●日本とアメリカの弁護士のディベート力について

筆者は、過去三十八年間、数多くの企業、団体、組織、大学などでディベートを教えてきたが、弁護士や検事などの法曹人に教えたことはない。彼らのディベート力について知るために裁判所を見学したこともあった。日本の法廷ではアメリカのような激しいディベートは起こりえない。有罪か無罪については、裁判官が決定的な役割を果たすからである。しかし、アメリカでは、有罪か無罪を決定するのは陪審員であるから、弁護士と検事は、陪審員の前で激しくディベート(公開討論)する。証人に対してきびしく尋問し、嘘を暴き、証拠を引き出す。すなわち法廷映画に描かれている通りである。たとえば、ヘンリー・フォンダ主演の『十二人の怒れる男』、グレゴリー・ペック主演の『アラバマ物語』、ポール・ニューマン主演の『評決』、ハリソン・フォード主演の『推定無罪』などである。アメリカでは弁護士の価値はディベート力が決める。日本においても、公開討論としてのディベートが裁判の中心になるように改革してもらいたい。その時には、日本の弁護士や検事も、実践的なディベート訓練が必要となるだろう。

第七章　世襲政治家の勘違い

世襲大国ニッポン・百五十名の世襲政治家がいる

日本は政治家の世襲大国である。

世襲の国会議員が百五十名もいる国は、世界中を見渡しても日本だけである。欧米諸国では世襲政治家はゼロである。日本の状態は世界的にみて異常である。以下、少しずつ明らかになるが、欧米には、日本のようなジバン、カンバン、カバンの利権・特権を引き継ぐ世襲はない。世襲は悪というのが常識である。それが自由・平等・機会均等のデモクラシーというものである。

とくに、筆者が指摘したいのは、次のことである。

第一・世界における日本の地位の低下は、世襲政治家に大きな原因があるということである。ひ弱な世襲政治家が、政治や外交を担うようになってからである。明治・大正生まれで、修羅場をくぐった創業型の政治家が引退し、二世の世襲政治家が中心となるとともに、ますます顕著になった。徒手空拳で身を起こした豪腕田中角栄《たなかかくえい》や、元帝国海軍将校だった中曽根康弘《なかそねやすひろ》は、欧米の政治家に、決して引けをとらなかった。

彼らは、したたかであり、修羅場を経験した歴戦の立志伝の政治家だった。その証拠に、現在の政治家をみるがいい、毛沢東《もうたくとう》や周恩来《しゅうおんらい》と五分に渡り合った田中角栄や、サッチャーを押し退けてレーガンの隣に立とうとした中曽根康弘、このような政治家は皆無である。ひ弱で、度胸も、根性も、厚かましさもない。

第二、世襲が問題なのは、福沢諭吉の言を借りれば、生まれながら貴賤上下の差別を生むからである。世襲とは格差をつくる。不平等・不公平な社会の象徴である。政治家が、デモクラシー社会の根本原理である、機会均等や平等や公平をぶち壊し、格差社会を作ったら、日本の民主主義は成り立たない。戦後日本には、壊滅したはずの戦前の旧華族のような、特権階級が静かに増殖している。この異常さに気がつかない国民もマスコミも、あまりにも鈍感である。

　日本は戦争に敗れたが、歴史の事実として、戦前は軍事力は一流であり、政治的にも一流だった。しかし、敗戦直後はやむをえないとしても、三角大福中の頃までは一流に近かった。しかし、その後、最近の日本政治が、なぜ二流になったのか。中国・韓国ごとき国の後塵を拝するのか。その最大の理由は、世襲によって、無能で、ひ弱で、度胸も勇気もない二世、三世の世襲政治家が増えたからである。

第三．日本の世襲政治家の学歴が、国際的に比較するとお粗末すぎるのである。

世界のトップリーダーは、ハーバード、オックスフォードなど、世界大学ランキングのトップクラスの大学を卒業し、何カ国語も話すスーパーエリートである。日本の政治家は、世界大学ランキングのトップテンどころか、ランキング圏外の人ばかりである。もちろん、世界ランキングを盲信するのではないが、少なくとも、人間の知性を計る有力な指標である。ハーバード、オックスフォード、MITなどは、世界の誰もが認める知性の最高学府である。

念のために学歴を定義すると、「学歴とは、その人が長年かけて修めてきた学問の歴史のことであり、世界的に通用する知性であり教養である」。

具体的にいうと、学歴とは世界的に一流と評価されている大学で、学問を修め、卒業することである。日本のように、ろくに勉強もせず、漫然と卒業したことを学歴とはいわない。グローバルに通用する「知性」をもっていることである。大学がすべてではないが、少なくとも、人間の知性を証明する有力な指針であることは事実である。

第四．日本の政界から世襲議員を駆逐し、外部から優秀な非世襲議員の血を入れないと、無能でひ弱な政治家ばかりになるだろう。現に、世襲議員が減るどころか、増えるばかりである。世襲は世襲を生むのである。今の選挙制度を続けていると、衆議院の小選挙区は、二世、三世で覆われるだろう。

●世襲は悪である

筆者は、何が嫌いといっても、世襲ほど嫌いものはない。筆者のように、四国の田舎から、コネも縁故もなく出てきた人間としては、蛇蝎《だかつ》のごとく世襲を嫌う。もちろん、町工場や、職人や、商店は別である。あれは相伝《そうでん》といい、世襲とは言わない。

しかも、これらの職業(商売)は、親から子に伝える上で、家業を絶やさないための必死の努力、能力、技術を必要とする。簡単に引き継げるわけではない。受け継いだとしても、その職業が安泰ではない。常に消滅の危険がある。しかるに、たとえば、政治の世襲は、努力をしなくても、ジバン、カンバン、カバンなどの利権や権益を、半永久的に引き継ぐことが可能である。

とくに、私が非難する世襲は、社会的に影響のある世襲である。政界、企業、歌舞伎、芸能界、テレビ界、医者などの世襲である。現在、日本は異常に世襲が増殖している。もともと日本は世襲に寛容な文化であるが、ここまで世襲がはびこると、金もなく、コネもなく、やる気と大志だけの若者にとって、夢がない、希望がない、住みにくい国となる。ベンチャー精神にあふれた若者が、いきいきと活躍してこそ、日本の将来は希望がある。世襲は若者の未来を閉ざす巨大な壁である。

●皇統は世襲とは言わない

日本の世襲の代表は、何といっても、二千六百年、百二十五代にわたる天皇家の「世襲」である。と言いたいところだが、実は皇統は「世襲」ではないと、筆者は考えている。

理由は、世襲という制度が現れる前から、皇統は二六〇〇年、神話の時代から、連綿として、親から子へと、代々引き継がれてきたからである。

憲法第二条に、「皇位は、世襲のものであって……」と書いてある。しかし、この世襲という表現に違和感がある。コトバが軽すぎる。日本の皇統は、いわゆる世襲というような軽いものではないからだ。この世襲というコトバは、以下のGHQ製の英文の日本国憲法を翻訳するとき、漢語をあてはめただけである。非常に安易な翻訳である。マッカーサーとGHQがつくった原文（英文）は、以下のようになっている。

Article 2. The Imperial Throne shall be dynastic and succeeded to in accordance with the Imperial House Law passed by the Diet.

この英文には、どこにも、世襲と書いていない。succeeded（引き継ぐ）を世襲と翻訳したのだろうが、これはおかしな翻訳である。世襲はdescendantか、hereditaryである。マッカーサーから与えられた英文日本国憲法の中の条文を、日本政府が世襲と訳したのであろうが、世襲というのは品のない訳である。皇統は、徳川幕府や、歌舞伎や、芸能人や、医者の世襲と一緒にされては困る。

大日本帝国憲法には、第二条に「皇位は皇室典範の定むる所により皇男子孫之を継承す」とあり、世襲とは書いていない。世襲などという俗っぽい言葉を、明治の先人は、使わなかった。中国の世襲も、日本の世襲も、途中で世襲が断絶する。世襲というものは、本質的に期間が短い。長くてもせいぜい数十年か、百年単位であろう。しかし、皇位だけは断絶することなく、二千六百年も続いている。まさに桁外れの長さである。皇統の連続と、武家、家元、歌舞伎などの世襲では、その意味がまったく異なる。ゆえに、皇統に対して安易に世襲などという俗な言葉を使うなと、筆者は言いたいのである。

●ガラパゴス政治家によるガラパゴス政治

イギリスには世襲貴族が数多くいる。貴族院（HOUSE　OF　LORDS）の議員は貴族であるが、権威上の存在である。政治の実権をもつ衆議院（HOUSE　OF　COMMONS）

には世襲議員はいない。イギリスには政治の世襲は悪であるという文化がある。これはヨーロッパの多くの国に共通するものである。王室の世襲は認めるが、政治の世襲は認めないという文化である。

日本は、世襲一般に寛大である。ゆえに、政治家の世襲にも寛大である。芸能人の世襲にも寛大である。こうなると、歯止めがなく、政治家、芸能界、医者など、本来、実力主義の世界であるのに世襲がはびこるのである。

とくに政治の世襲はきびしく禁止しないと、日本政治は世界政治と比較して、著しく劣ることになる。世界の政治を見れば分る通り、本来、政治に世襲が入り込む余地などない。世襲政治家が登場できるほど甘い世界ではない。

政界とは、その国家の最も優れた人材の集まる場所である。激しい競争があり、淘汰される。世襲政治家が何代も続く日本は、いかに甘い世界であるかを証明している。日本の政治は、ガラパゴス政治家によるガラパゴス政治と定義しよう。世界の進化から取り残された政治家による政治である。

●歌舞伎の世襲の何が問題か

第一章で少し述べたが、歌舞伎の世襲には、見逃すわけにはいかない問題を秘めている。東京には歌舞伎に対して、媚びるような無条件の賛美がある。マスコミも芸能人も、やたらと礼賛し、へりくだる。歴史と伝統がある芸能だから、歌舞伎に対する批判を許さないという風潮もある。デモクラシー社会はすべてのものが批判の対象となる。とくに、歌舞伎は、日本社会を覆う世襲の流れの一翼を担い、世襲に甘い社会を作っている元凶の一つである。

歌舞伎俳優が歌舞伎の世界でとどまっているかぎりの世襲ならば問題はない。商店の世襲と同じであるからだ。しかし、世襲の歌舞伎者が、歌舞伎俳優でございと、映画やテレビや演劇など、広く社会にしゃしゃりでてくるのが問題なのである。

昔は、歌舞伎俳優が映画などに進出する時は、歌舞伎俳優を辞めている。そして、二度と歌舞伎に戻りはしなかった。覚悟の上で、歌舞伎から映画への進出だった。長谷川一夫、片岡千恵蔵、市川右太衛門、嵐寛寿郎、市川雷蔵、中村錦之助、大川橋蔵などの往年の映画スターは、歌舞伎を辞めてから映画に進出し、けじめをつけていた。

しかるに、昨今の歌舞伎俳優は、歌舞伎俳優のまま、節操もなく、どこにでも出しゃばる。歌舞伎の威光をかさにきた振る舞いが問題なのである。一人くらい分限をわきまえた人間はいないのか。

「私は、歌舞伎俳優であってタレントではありません。芸が乱れますゆえに、歌舞伎の舞台以外には一切出ません。「ぜひとも歌舞伎座にお運びいただき、歌舞伎をご覧くださいませ」と言うくらいの矜持をみせてもらいたい。

世襲もなく、コネもなく、金もなく、必死の努力している有能な無名俳優がいくらでもいる。彼らは、心中、苦々しく思い、歌舞伎俳優を軽蔑しているはずだ。これが無名の俳優の矜持というものである。

もし、宝塚が世襲だったら、どうするのだ。宝塚音楽学校は、四十人の採用に千人が受験する。東大の合格者は三千人である。東大なんぞ足元にも及ばない、超がつく難関校である。まさに女の中の女が集まる。ゆえに宝塚は日本最高の演劇集団の一つである。

最近、俳優やタレントや芸人や落語家に世襲が増えた。それとともに芸の質が落ちた。同じく、生命を預かる医者が世襲では、その技術に不安がある。そして重大な問題は、貧しいゆえに、優秀な若者が医学の道を絶たれることである。

世襲は社会から活力を奪う。徒手空拳の若者からチャンスを奪う。日本社会で静かに進む世襲の増加に対して、筆者は危機感をもっている。世襲は悪であるという文化を育てないと、日本は住みにくい社会になる。閉鎖的で、息苦しい社会になる。戦前の若者は、大志を抱いて、シナ大陸や満洲に渡った。今、日本には渡るべき大陸はない。せめて、国内でジャパンドリームを実現したい。

国会議員の世襲調査

表1-1は、シンクタンク戦略大学が、調査した国会議員の世襲調査である。出所先は「政官要覧」(平成二八年春号)である。世襲議員は、全国会議員七一七名のうち百五十名である。二〇・九%である。世襲率は、衆議院が二四%、参議院が一四・九%である。衆議院が高いのは、ジバン、カンバン、カバンを引き継ぐ小選挙区が多いからである。なかでも自民党が多い。衆議院二百九十一名のうち八十九名である。参議院百十六名のうち二十九名である。計百十八名である。衆・参四百七名の二九%である。

この数字は、先進国の中で、異常である。欧米先進国では世襲はゼロである。政治の世襲は、不正議であり悪である。政治上の制度としても、社会の慣例や文化としてもありえない。このありえないことが、何の疑問もなく、行なわれている日本は異常である。日本政治の改革は世襲の廃止と禁止である。

世襲がなくなったとき、日本政治はデモクラシーに一歩近づく。しかし、今は、半デモクラシー国家にすぎない。しかも世襲政治家は当選回数が多い。当選回数がものを言う世界だけに、

①全議員に占める世襲率

	全議員数	世襲議員数	比　率
衆議院	475	114	24.0%
参議院	242	36	14.9%
合　計	717	150	20.9%

②衆議院・政党別世襲議員の比率

政　党	全議員数	世襲議員数	比　率
自民	291	89	30.6%
民進	96	14	14.6%
公明	35	1	2.9%
共産	21		0.0%
おおさか	14	4	28.6%
社民	2		0.0%
生活	2	1	50.0%
無	14	5	35.7%
合　計	475	114	24.0%

③衆議院の政党・世代別世襲議員の内訳

政　党	二　世	三　世	四　世	その他	合　計
自民	60	15		14	89
民進	10	2		2	14
公明				1	1
おおさか	1			3	4
生活	1				1
無	4			1	5
合　計	76	17	0	21	114

（出典：政官要覧・平成28年春号）

表1-1　世襲調査

④参議院・政党別世襲議員の比率

政　党	全議員数	世襲議員数	比　率
自民	116	29	25.0%
民進	64	6	9.4%
公明	20		0.0%
共産	11		0.0%
維新	7		0.0%
社民	3		0.0%
元気	4		0.0%
生活	3		0.0%
日本	3		0.0%
改革	2		0.0%
無ク	2	1	50.0%
無所属	7		0.0%
合　計	242	36	14.9%

⑤参議院の政党・世代別世襲議員の内訳

政　党	二　世	三　世	四　世	その他	合　計
自民	18	5	1	5	29
民進	6				6
無ク	1				1
合　計	25	5	1	5	36

世襲議員は、必然的に政界の実力者になる。ゆえに、自分の存在を否定する世襲の廃止、禁止のような大改革は、絶対に行なわない。しかも、彼らは世襲を悪だとは、まったく思っていない。罪悪感はまったくない。

しかし、日本の国際的な地位はじわじわと地盤沈下している。三角大福中のころは、日本の政治外交は強力だった。しかし二世議員や世襲議員に世代交代するとともに、アメリカの属国のような体たらくになっていった。日本の国際的な地位は低下し、存在感は薄まるばかりである。世襲政治家の増加は、まちがいなく日本を滅ぼす元凶となるだろう。

●世襲大臣だらけの安倍内閣

今度は、内閣を見てみよう。表1-2によると、第三次安倍改造内閣の閣僚二十名中、十二名が世襲議員である。世襲でない大臣はわずか八名である。安倍内閣は「世襲内閣」と命名してもいい。安倍さんは、病気をし、政権を失い、挫折を経験して、ひ弱な世襲議員から脱却した。しかし、あとの人はひ弱なままである。この世襲の実態が、同時に、現在の日本の政治状況を象徴している。近親交配をすると、遺伝子が変容し、奇形児が生まれるごとく、政治家が劣等遺伝をしている。政治家が小粒になったのは当然である。

表1-2　第三次安倍改造内閣の世襲大臣

大 臣	氏 名	世襲・世代	当 選	親族議員（経歴など）
総理大臣	安倍晋三	○　三世	8回	岸信介（祖父・首相）、安倍晋太郎（父・外務大臣）、佐藤栄作（大叔父・首相）、佐藤信二（父の従弟・衆議員）
財務大臣	麻生太郎	○　三世	12回	吉田茂（祖父・首相）、麻生太賀吉（父・衆議員）、鈴木善幸（岳父・首相）、鈴木俊一（義弟・衆議員）
総務大臣	高市早苗		7回	（松下政経塾）
法務大臣	岩城光英		3回	（市議、県議、いわき市長）
外務大臣	岸田文雄	○　三世	8回	岸田正記（祖父・衆議員）、岸田文武（父・衆議員）
文部科学大臣	馳浩		7回	（スポーツ選手・元プロレスラー）
厚生労働大臣	塩崎恭久	○　二世	8回	塩崎潤（父・経済企画庁長官）
農林水産大臣	森山裕		6回	（市議、市議会議長）
経済産業大臣	林　幹雄	○　二世	8回	林大幹（父・環境庁長官）
国土交通大臣	岩井啓一		8回	（公明党）
環境大臣	丸川珠代		2回	（テレビ朝日アナウンサー）
防衛大臣	中谷元	○　二世	9回	中谷貞頼（祖父・衆議員）
官房長官	菅　義偉		7回	（代議士秘書、市議）
復興大臣	高木毅	○　二世	6回	高木孝一（父・市長）
国家公安委員会委員長	河野太郎	○　三世	7回	河野一郎（父・市長）、河野謙三（大叔父・参議員）、河野洋平（父・外務大臣・自民党総裁）
沖縄北方対策	島尻安伊子		2回	（市議）
経済再生担当	石原伸晃	○　二世	9回	石原慎太郎（父・都知事・運輸大臣）
一億総活躍担当	加藤勝信	○　二世	5回	加藤六月（義父・農林水産大臣）、加藤武徳（義伯父・自治大臣）、加藤紀文（義従兄・参議員）
地方創生大臣	石破茂	○　二世	10回	石破二朗（父・県知事・自治大臣）、金森太郎（岳父・宮城県知事）
東京オリンピック担当	遠藤利明	○　二世	7回	鈴木行男（叔父・県議・市長）

（押田研究員調査）

●世襲が世襲を生む……世襲のインフレ・スパイラル

世襲議員が減らない原因は、世襲が世襲を生むからである。たとえば、初めて議員になった人が、子供や子孫に世襲するからである。昔からの世襲議員に、新しい世襲議員が参入して、古い世襲議員＋新しい世襲議員＝世襲議員の増加ということなる。世襲のインフレ・スパイラルである。

現在、世襲議員は、衆参で百五十名であるが、増えることはあっても、減ることはない。抜本的な対策をとらないかぎり、今後、世襲は増え続けるだろう。それは同時に、日本政治の劣化である。世界の先進国で、百五十名も世襲議員がいることは、異常の中の異常である。政治改革とは世襲退治である。

●なぜ世襲は悪であるのか……政治の私物化であるからだ

世襲が悪であるのは、政治の私物化であるからだ。政治とは、とくに民主主義の政治とは、「正義」、「公開討論」、「公平無私」、「公明正大」、「情報公開」などが大前提である。これを欠いた政治は政治ではない。政治とは、すべての人に平等に開かれていることが根本原則である。しかるに、世襲は一部の人に有利に働く不公平なやり方である。縁故とコネと既得権益がまかり通ることである。

写真は正義の女神テミス像である。デモクラシーを象徴する像である。裁判所や議会に飾られている。右手には善悪をはかる秤「正義」、左手の剣は「力」を象徴している。「剣なき秤は無力、秤なき剣は暴力」であるという。正義と力が法の両輪であることを表している。目隠しは彼女が前に立つ者の顔を見ないことを示し、法は貧富や権力の有無に関わらず、万人に等しく適用される「法の下の平等」の法理念を表す。

正義の女神テミス像

●敵前上陸をした中曽根康弘

だいたい世襲の政治家は、自分が国会議員であることに、いささかの疑問も、道義的な後ろめたさも感じていない。ここにも大きな問題がある。たしかに、安倍さんは、現在、無難な政治をしている。しかし、それは相対的なものである。現在の政界には、グローバルに有名な政治家がいないから、安倍さんも立派に見えるのである。比べる対象は世界の政治家である。G7やG20の会議において、世界第三位の経済国家でありながら、日本の総理大臣の居心地の軽さである。会議場の真ん中に立って、堂々と各国首脳を睥睨《へいげい》するという光景は皆無である。

少し述べたが、大正七年生まれの戦中派田中角栄は、毛沢東や周恩来の前で、決して位負けをしなかった。同じ大正七年生まれで、海軍主計将校だった中曽根康弘は、サミットの写真撮影で、サッチャーを押しのけて、レーガンの横に立とうとした。

彼は太平洋戦争中、海軍中尉として、ボルネオのバリクパパンで敵前上陸を経験し、多くの戦友を失っている。輸送船団が攻撃を受け、多くの船が轟沈し、中曽根の乗っていた船も敵駆逐艦の攻撃を受け、燃えさかり、船倉は地獄絵図だったと、回想している。中曽根は、凄まじい沙羅場を経験している。明治、大正生まれは、あの大戦争を体験している世代である。ざっくり言うと、ケンカができる男っぽい男である。ひ弱な戦後生まれの政治家とは度胸が違う。

●金なし、コネなし、希望なし

縁故も、コネも、金も、何もない学生は、きびしい就職試験を経験し、挫折を体験し、やっと会社に入社する。苦労の連続である。あるいは、自分で起業した若者は、資金繰りで、夜も眠れないほど神経をすり減らす。普通の人間が、社会に出るには、どれほどの高いハードルがあるか。社会に出たら、今度は、上司や得意先からの叱咤に、激しく落ち込み、苦しむ。そういう経験がないのが、世襲である。

筆者も、一人のコンサルタントとして独立し、数多くの挫折を経験した。ゆえに、コネなく、金なく、縁故なく、挫折している人達の苦渋がよくわかる。だから、世襲というコトバを聞くだけで、演出家の故蜷川幸雄《にながわゆきお》ではないが、灰皿を投げつけたくなる。「冗談は顔だけにしろ」と。ましして、自分たちが国会議員として特権を享受し、エリート然としているのを見ると、反吐がでる。岸田外相は、中国の王毅外相から罵詈雑言を浴びたことがあった。茫然自失、なすすべもない岸田の姿をみると、「岸田、そこをどけ、俺が代わって、王毅を張り倒してやる」と、叱咤したかった。君達の腰抜けのせいで、日本国家と日本国民が、侮辱を受けているのである。政治家は、他国から侮辱を受けるだけで、万死に値する。

●剛毅果断な非世襲政治家の誕生をのぞむ

世襲政治家の致命的な欠陥は、ケンカ（闘争）ができないことである。ひ弱で、度胸がなく、根性が座っていない。お坊ちゃん育ちで、沙羅場をくぐっていない。だから中国の習近平や王毅外相の傲慢無礼に対してなすすべがない。

無礼な振る舞いに対して、机を蹴って帰国するか、その場で怒鳴りつければいい。弱々しい態度をするから、舐められるのである。背は低いがプーチン大統領の堂々たる態度を見習うべし。彼は、もろに顔に出して、不快感をみせる。それも外交の重要な演技である。

それでは、なぜケンカなのか。クラウゼヴィッツは『戦争論』の中で、「戦争は拡大された決闘にほかならない」と書いている。ずばり戦争はケンカ（決闘）を拡大したものである。ケンカができない国は戦争もできない。

●高陸号事件における東郷平八郎の気概

戦争とは、国家が最後に発動する政治的手段である。国家は、伝家の宝刀として、戦争という手段をもっている。戦争は国際紛争を解決するための最終手段である。

しかるに、戦後日本は、戦争を発動しない腰抜け国家になりさがった。中国の公船や漁船が、連日のごとく、尖閣諸島の日本の領海に侵入している。断固たる行動をしないから、完全に舐められるのである。

日清戦争の時、東郷平八郎が、シナ兵を載せた英国船籍・高陸号《こうしょうごう》を轟沈したように、従わないのであれば轟沈すればいい。国際法に従って、断固たる実力行使をすればいいだけの話である。

日本政府が、何をためらっているのか理解できない。臆病な腰抜け外交をしているかぎり、中国はどんどんエスカレートする。それが中華思想というものである。相手が弱いとみると居丈高に攻める。断固たる反撃をすると、引っ込むのが中華思想である。とにかく日本流の「おもんぱかる」という思考方法や、分かってくれるだろうという希望的観測は通用しない。

戦争は、現在の国際世界において、禁止されていない。どの国も、戦争をする権利をもっている。ゆえに戦争はなくならない。自衛戦争はよいが、侵略戦争はいけないと言うが、自衛戦争と侵略戦争の区別がつかない。どの国も、自国の戦争を自衛戦争と主張するからである。

日本は、戦後七十年、憲法で戦争を禁止してきた。平和主義を絶対善としてきた。しかし、世界は戦争が日常の風景である。戦争を政治の手段と考え、戦争を外交の手段として使う以上、戦争はなくならないのが論理的必然である。残念ながら、戦争は、人類が生存するかぎりなくならない。

中国と一戦を交える覚悟をもって、尖閣諸島の中国船を排除すればいい。小競り合いの海戦が勃発するかもしれない。戦いを恐れてはならない。国家の独立を守るためには、死を賭しても、戦う覚悟が必要である。歴史的に中国は戦争に弱い国である。強く出れば引っ込む国である。ソ連も、インドも、ベトナムも、中国と一戦交えている。だから、中国は、これらの国を畏怖しているのである。

第八章　日本の防衛政策の勘違い

専守防衛論の勘違い

戦後七十年間の日本の防衛政策、すなわち専守防衛論は破綻している。それは中国や北朝鮮の軍事的な脅威を前に明らかである。しかるに日本人はまったく危機感がない。その根本原因の第一は平和憲法にある。第二は吉田ドクトリンの軽武装政策にある。第三は日米安保条約にある。この三つが日本人の平和ボケ病の元凶である。

さて、日本の防衛政策の問題点と提案を箇条書きにすると以下の通りである。

第一、専守防衛論は机上の空論である。

防衛とは攻撃と防御の二つで成立する。この場合の防御も、無抵抗主義ではなく、防御のために攻撃を行う。ゆえに、攻撃も防御も相手に対する攻撃行為である。結局、専守防衛すなわち「専ら守る」というのは空想の産物である。攻撃は最大の防御である。日本は「先制攻撃戦略」に転換すべし。

第二、防衛費をGDP二%に増強すべし。

二%への増強は、すべての政策に優先する最優先事項である。腹が減ってはいくさはできぬ、金がなくてはいくさはできぬ。軍事予算の増強なくして日本の防衛は成り立たない。自衛隊三十五万人体制にすべし。

第三、産学一体で軍事研究に邁進すべし。

最先端の軍事技術の開発こそ、日本を守る最高の防衛政策である。軍事研究を禁止した日本学術会議には、バカにつける薬はない。左翼イデオロギーに毒された売国奴学者を、国立大学から放逐すべし。

第四、兵器輸出を積極的に行うべし。

武器禁輸は世界でも類例のない愚かな政策である。兵器輸出は、①他国を日本の武器体系に入れ、日本に戦争を仕掛けないようにさせる。②科学技術を発展させる。③外貨を稼ぎ、国民の防衛費の負担を減らす。

第五、ガラパゴス兵器をやめるべし。

たとえば、世界に通用しないガラパゴス戦車である。ドイツのレオパルト戦車のように、世界市場で売れる世界標準の戦車を開発すべし。日本に特化した兵器とは、世界で通用しないガラパゴス兵器である。

第六、自衛隊を日本軍と名称変更すべし。

名は体を表す。自衛隊はまぎれもなく大日本帝国陸海軍の末裔《まつえい》である。日本軍の建軍を鳥羽伏見の戦いのあった明治元年とすると、平成三十年で、日本軍は建軍百五十年の歴史と伝統がある。各国の軍隊は、歴史と伝統を何よりも重んじている。ひとり日本のみが、歴史を断絶させ、自衛隊という自虐的な名前の軍隊を発足させた。自衛隊を精強にする方法は簡単である。「日本軍」という光輝ある呼称に変えることだ。即、世界最強の軍隊に変身するだろう。

第七、戦史教育を行うべし。

歴史教育は民族にとって必須のものである。民族の歴史すなわち民族の由来や伝統や文化を勉強することは、自分達の父母や祖父母、そして、さらに遡る自分達のルーツを知るためである。その歴史教育の中で、もっとも重要なものが戦史である。民族の戦いの歴史である。なぜならば、民族は、戦争によって、生き残り、生存してきたからである。民族から戦争を抜きにして民族の歴史はありえない。

たとえば、日清・日露戦争、シベリア出兵、ノモンハン戦、満洲事変、シナ事変、大東亜戦争、とくにハワイ作戦、ミッドウェー作戦、ガダルカナル戦、ニューギニア戦、レイテ戦、ルソン戦、インパール戦、硫黄島戦、沖縄戦などの勉強である。防衛白書の最大の問題点は、戦史の記述がまったくないことである。

第八、核武装すべし。

日本が、シナと朝鮮半島とロシアに舐められ、侮辱され続けている最大の原因は、平和憲法と、その結果としての軍事力の弱体化にある。これらの国にとって、軍事的に脅威のない日本なんぞは、深夜にニューヨークのハーレムを裸で歩く女のようなものである。脅威どころか、日本を襲ってくださいと言っているようなものである。このような危険な日本の状況を一瞬で脱却できる切札が核武装である。

●専守防衛は机上の空論である……攻撃は最大の防御である

日本が、七十年間、維持してきた「専守防衛」というのは虚構である。防衛とは、当たり前の話だが、「専ら守るだけ」や「防衛オンリー」では成り立たない。防衛には、「守る」と「攻める」の二つが必要である。皮肉を言うのではないが、軍歌マーチでも、「守るも♪攻めるも♪」と、歌っている。「守るも♪、守るも♪」と、同じセリフを復唱しては、軍艦マーチにならない。

防衛というのは、結局、国家や領土を守るための戦争である。そして、戦争は、攻撃と防御の二つから成りたっている。防衛のみ（専守防衛）という戦争は存在しない。さらに、突き詰めると、どこまでが防御で、どこまでが攻撃かなど、区別のつけようがない。相手からの攻撃から戦いが始まった場合でも、反撃のために、鉄砲をドンパチと撃つと、それは攻撃となる。すなわち、相手に向かって弾を撃った瞬間、それは攻撃である。防御のためであっても、鉄砲を撃つことそのものが攻撃である。

すべからく、戦争や戦いにおいて、鉄砲でも、大砲でも、ミサイルでも、ぶっ放すことが、攻撃となる。攻撃のない防御は存在しない。結局、防御は攻撃であり、攻撃は防御であるということになる。一つのものの裏と表である。防衛オンリーというものはありえないということである。

専守防衛論は、戦争や戦いがもつ二面を忘れている空論である。とすると、攻撃は最大の防御というごとく、攻撃は防衛のためのもっとも有効な方法という結論になる。専守防衛論とか、積極的平和主義とかいう言葉は、言葉の遊びにすぎない。現状の防衛政策では日本の防衛は危うい。日本は「先制攻撃戦略」に転換すべしと主張する。

大切なことは、軍事力は原則フリーハンドにしておかなければならない。軍事力に制限を設けたり、規制してはならない。軍事とは、政権とも、一線を画す存在である。そこが警察と決定的に違う点である。戦争で敵に降伏すると、軍は解散させられるが、警察は戦勝国側の組織となる。軍は国家を守るための最終手段である。ゆえに負けてはならないのである。軍隊の敗北とは国家の敗北である。

防衛費GDP二%に増強すべし

●GDP一%では日本は守れない……自衛隊三十五万人体制へ

防衛費GDP二%、自衛隊三十五万人体制を達成すべし。腹がへってはいくさはできぬではないが、金が無くてはいくさはできない。防衛問題のすべての根幹には防衛費がある。ご存じの通り、日本は長年、GDPの一%を切ってきた。平成二十九年度の防衛白書二五三頁の図表Ⅱ-2-4-2によると、(図表は、防衛白書の図表と対応させたので、同じ図表番号を使った)、平成二十八年は四兆八千億円である。これは円表示なので、ドル表示にして、各国と比較したものが、白書二五五頁の図表Ⅱ-2-4-6である。ドル表示にしたので、GDP一%になっている。

●防衛費・日本四百七十億ドル、韓国四百二十一億ドル

これを見て注目すべきは、韓国の軍事費の四百二十一億ドルである。いつの間にやら日本に

図表Ⅱ-2-4-2
過去15年の防衛関係費（当初予算）の推移

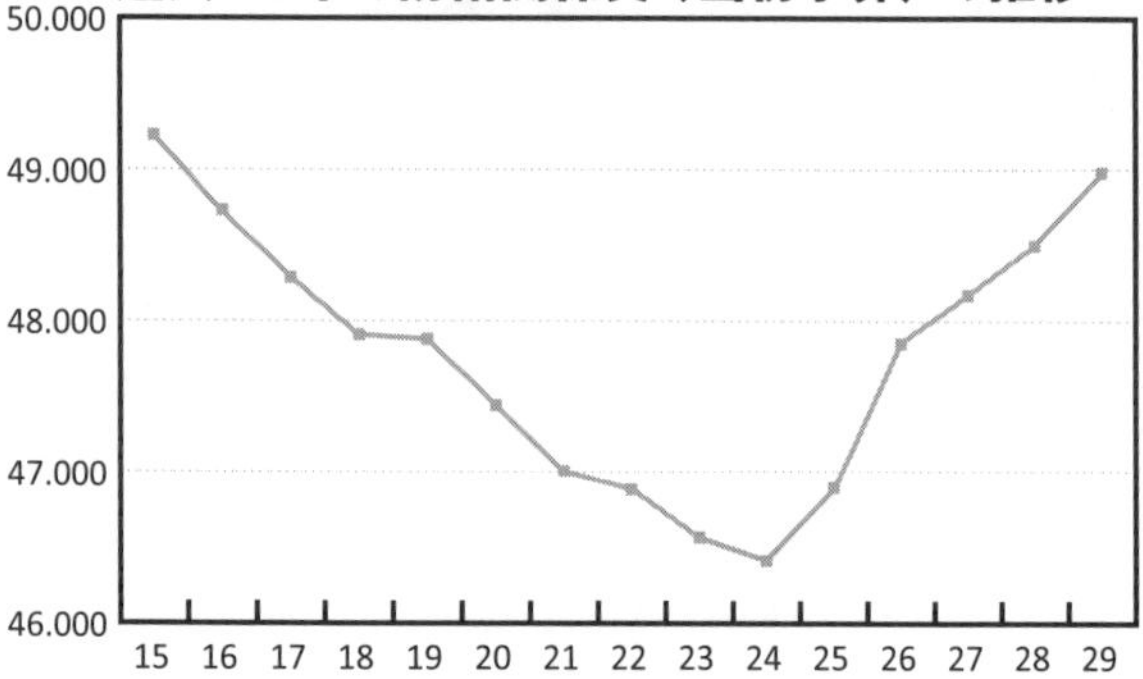

（注）上記の計数は、SACO関係経費、米軍再編経費のうち地元負担軽減分及び新たな政府専用機導入に伴う経費を含まない。これらを含めた防衛関係費の総額は、15年度は49.527億円、16年度は49.026億円、17年度は48.560億円、18年度は48.136億円、19年度は48.013億円、20年度は47.796億円、21年度は47.741億円、22年度は47.903億円、23年度は47.752億円、24年度は47.138億円、25年度は47.538億円、26年度は48.848億円、27年度は49.801億円、28年度は50.541億円、29年度は、51.251億円になる。

平成29年度　防衛白書（253頁）

追いつきつつある。GDP比でいうと二・四％である。世界的にみても、立派な軍事強国である。反日国家であるゆえに、これは不気味であり、韓国に対しては、注意と警戒を怠らないことである。朝鮮半島が統一された時、核兵器をもった軍事大国が誕生するからである。さらに統一朝鮮国は、日本に敵対する可能性が大きいからである。防衛費GDP二％、自衛隊三十五万人体制への増強を急ぐべし。

●中国の国防費は約十八兆円である

中国、北朝鮮からの脅威が高まっているのに、あまりにも政治家と政治の対応は遅い。どうしようもないほど鈍

図表Ⅱ-2-4-6
主要国の国防費（2015年度）

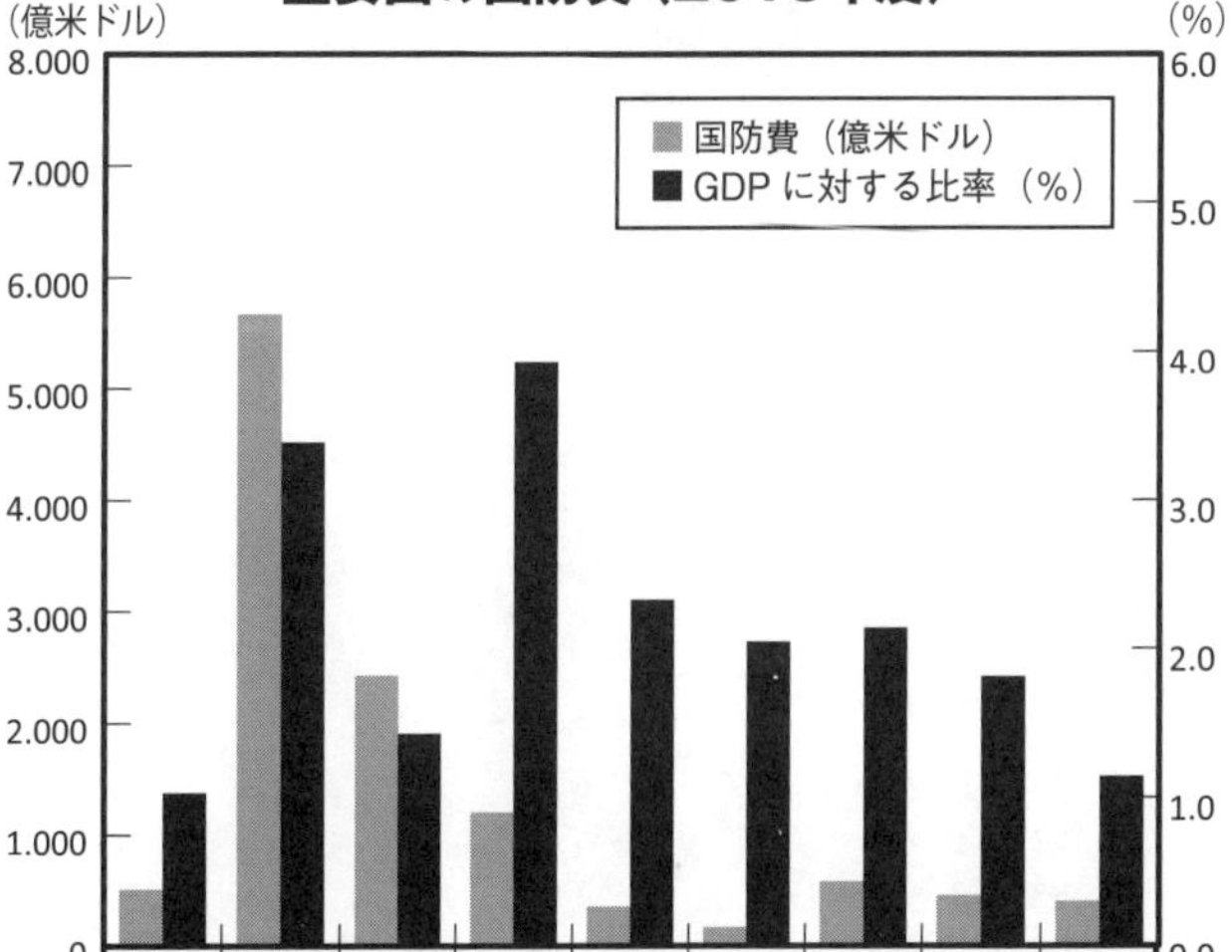

日本	米国	中国	ロシア	韓国	オーストラリア	英国	フランス	ドイツ
470	5.625	2.567	1.326	421	224	511	460	426
1.0	3.4	1.3	3.9	2.4	2.0	2.1	1.8	1.2

（注）1　国防費については、各国発表資料によるものであり、ドル換算については2015年度購買力平価（OECD公式HP公表値（2017年4月時点））を用い試算している。
「1米ドル＝102.563188円＝3.465969元＝23.984696ルーブル＝890.7235513ウォン＝1.462527豪ドル＝0.688433ポンド＝0.799810ユーロ（仏）＝0.773508ユーロ（独）」

2　GDPに対する比率については、米国、中国、ロシアについては、各国政府発表値。英国、フランス、ドイツについては、NATO公式値、韓国、オーストラリアについては、IMF公表のGDP値を元に、試算している。

平成29年度　防衛白書（255頁）

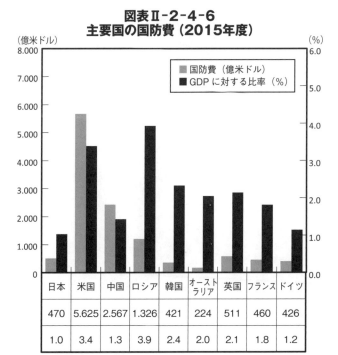

感である。中国の軍事費は、二〇一八年度は、十七兆八千億円で日本の三・七倍である。日本は前年比〇・八％増であるのに、中国は七％増である。日本の政治家や世論の危機感はゼロに等しい。

世界には平和主義を信奉する国家は皆無である。世界は弱肉強食が常識である。軍事力で領土を奪われたら、軍事力で取り返さないかぎり、永久に取られたままである。これが世界の現実である。なのに、日本人は平和憲法と平和主義の幻想に酔ったままである。今、日本がなすべきことは、防衛費をGDP二％に増強することである。防衛費を増やさないかぎり、何を言っても、何をしても、机上の空論であり、念仏である。現在のGDP一％は、北朝鮮や中国の軍事的な冒険主義を招くだけである。

精緻な防衛白書のむなしさ

毎年、筆者は防衛白書を読んでいるが、精緻に出来上がっていればいるほどむなしさを感じる。いくら精緻な防衛白書をつくっても、防衛力は強化されないからである。防衛官僚は、毎年、防衛白書を書き上げ、自己満足しているのではないか。

防衛費二％の増強を提言しない防衛白書は、人畜無害の作文にすぎない。日本の防衛費が五兆円、中国が約十八兆億円、この事実をみて、中国は日本を舐めてかかるだろう。日本など鎧《がい》袖一触《しゅういっしょく》と考えている。日本の軍事力は中国にとって何の脅威にもならず、日本はもはや対等に対決する国家ではない。日本は、防衛費GDP二%を達成しないかぎり、中国の軍門に下ったのも同然である。

●防衛大臣が軽すぎる

もう一つの問題は、日本における防衛大臣の軽さである。文民統制だからといって、文官の素人を任命するのはとんでもない間違いである。国家防衛を担う防衛大臣は総理大臣に継ぐ重要閣僚である。アメリカのマティス元大将のような、軍事の専門家を任命してもらいたい。

日本のようなデモクラシー国家においては、元軍人を任命しても、文民統制はいささかも揺るがない。戦前を持ち出し、危険視するのは時代錯誤である。天皇は大元帥ではない。自衛隊に対する統帥権も編成権もない。自衛隊の幕僚長は、参謀総長でも、軍令部総長でもない。ただ不思議なことに、日本国憲法には、軍隊と最高指揮官のことを書いていない。

●お粗末な日本の軍事研究開発費

防衛白書の四三六頁、図表Ⅲ-4-2-3に、各国の国防研究開発費と国防費に対する比率が出ている。これを見ると、アメリカとイギリスと韓国の開発費が多い。とくに韓国が突出ぶり

図表Ⅲ-4-2-3　研究開発費の現状

主要国の国防研究開発費（平成28年度）

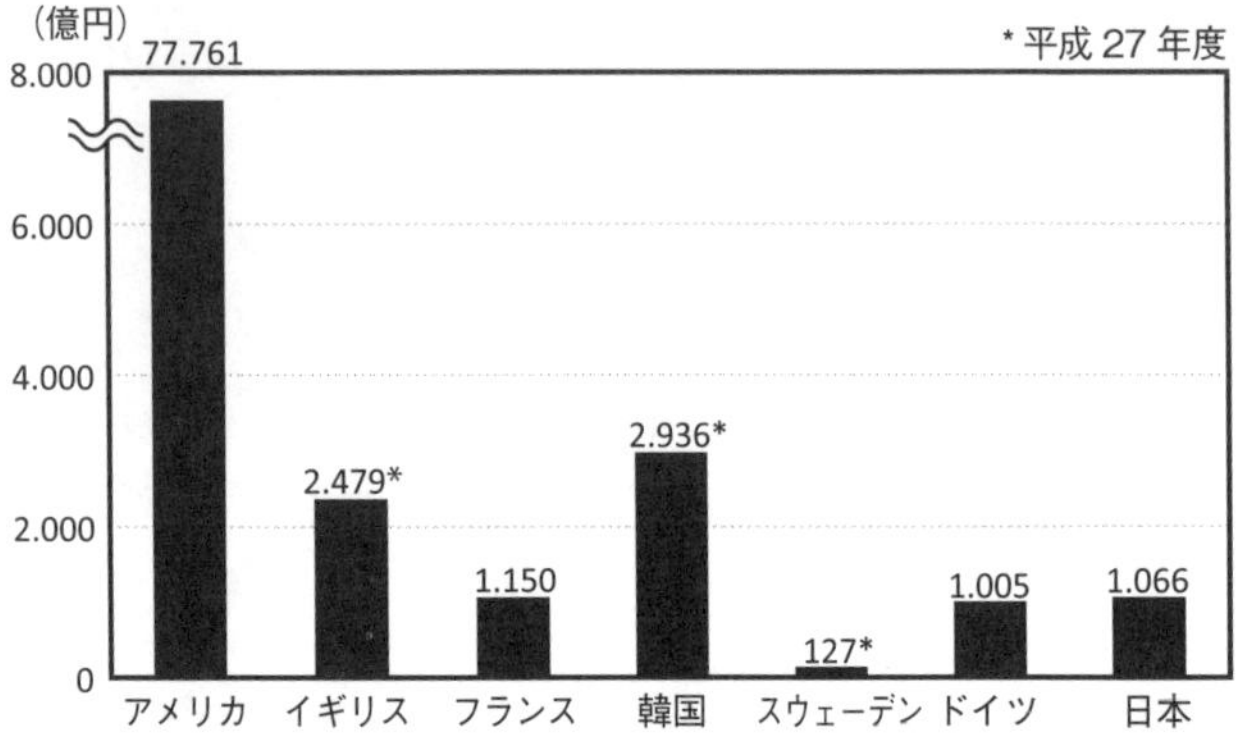

主要国の国防に対する研究開発費の比率（平成28年度）

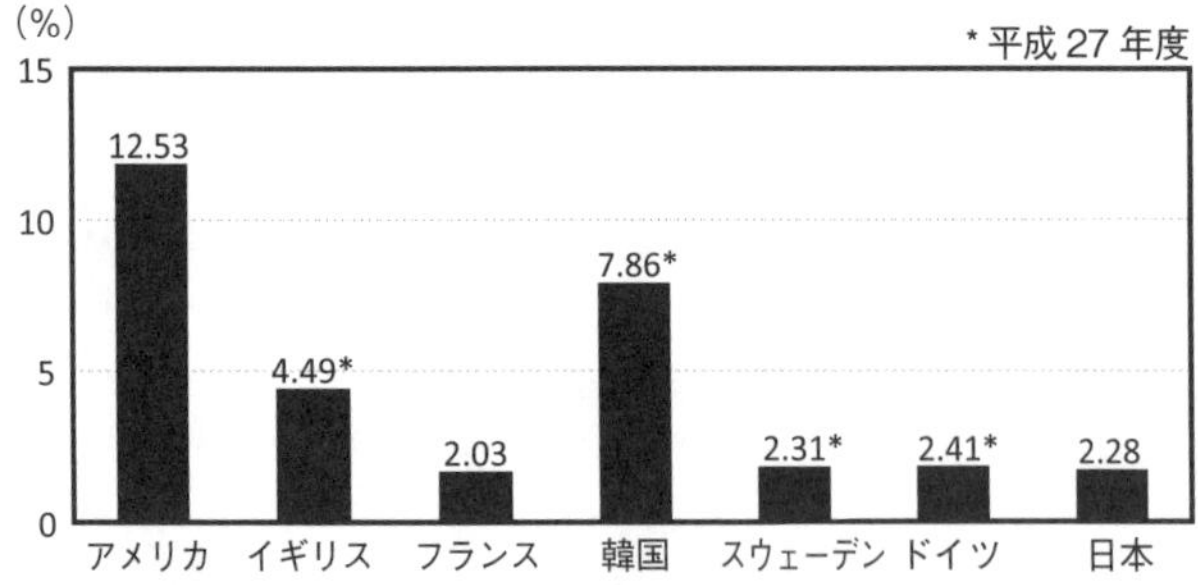

出典：「OECD: Main Science and Technology Indicators」
「SIPRI Military Expenditure Database ©SIPRI 2017」
平成29年度　防衛白書（436頁）

に驚く。近年、武器を輸出したり、国産兵器を開発したり、韓国の軍事技術の充実ぶりには目を瞠《みは》る。

科学技術と軍事技術は表裏一体である。戦争という国家存立の危機への対処は、すべてに優先する。国家が滅んでは自由も基本的人権もない。ゆえに、軍事技術の開発には、国家国民の総力を上げるのは当然である。軍事技術の開発は、国家・国民を守るための最大最高の盾であり矛である。このような世界の常識、小学生でも分ることが、日本学術会議という左翼イデオロギーに毒された学者には理解できないのである。この団体には税金が投入されている。北朝鮮や中国を利する利敵行為を働く団体である。その本質はテロ集団と何ら変わるところがない。ゆえに、ただちに解散せよと言いたい。

●兵器輸出を行うべし

図表I-3-6-1（防衛白書、二二九頁）は、各国の兵器輸出の実態である。アメリカやロシアや中国が常連であるのは分るが、スウェーデンやスイスが、兵器輸出国であるのは、一般の日本人は知らないだろう。この二国は優れた兵器を開発する国家である。多くの国がこの国の兵器を採用している。科学技術と軍事技術は区別できないからである。スウェーデンやスイスは科学技術の先進国であるからだ。韓国が兵器輸出国に名乗りをあげているのは驚くべきことだ

図表Ⅰ-3-6-1
主要通常兵器の輸出上位国（2012 ～ 2016年）

国　名		世界の防衛装備品輸出におけるシェア（%）2012～2016 年	2007～2011 年との輸出額の比較（%）
1	米国	33%	21%
2	ロシア	23%	5%
3	中国	6%	74%
4	フランス	6%	-5%
5	ドイツ	6%	-36%
6	英国	5%	27%
7	スペイン	3%	3%
8	イタリア	3%	22%
9	ウクライナ	3%	49%
10	イスラエル	2%	13%

（注）「SIPRI Arms Transfers Database」をもとに作成。2012 ～ 2016年の輸出額上位10 ヵ国のみ表記（小数点第 1 位以下は四捨五入）。

平成29年度　防衛白書（229頁）

が、最近の韓国の軍事費や研究開発費からみると、当然であろう。さらに敗戦国のドイツと比較して、日本の遅れは異常である。ドイツは潜水艦や戦車を積極的に輸出している。日本の兵器輸出に対する偏向した考えを打破することが必要である。日本の反戦・左翼・平和主義は病膏肓《やまいこうこう》に入った。兵器輸出は、輸出国の武器体系の中に、輸入国を組み込むことである。日本がアメリカに刃向かえないように、自国に刃を向ける国を減らす大きな効果がある。

●ガラパゴス兵器から脱却すべし

ガラパゴス兵器とは、輸出できない日本独特の兵器のことである。日本に特化し、日本でしか使えない特殊な兵器である。こういう特異な開発思想をもっている防衛省の神経を理解できない。

代表的なものに戦車がある。たとえば最新鋭の一〇式戦車である。自衛隊は、日本の山野に特化した世界的にすぐれた戦車と自画自賛している。しかし、戦場において戦ったことのない戦車を優れた戦車と自賛する理由が分からない。

一〇式戦車を、世界市場に輸出し、実際の戦場で使用してもらう必要がある。そうすれば日本の戦車の実力が分る。ただし日本の戦車が輸出できるかどうか疑問である。理由の第一は、高価すぎる。第二は、日本に特化しすぎて他国の戦場で使えない。ゆえに誰も買ってくれない。

●ドイツのレオパルト戦車を見習うべし

ドイツの世界的な戦車レオパルト1は、一九六五年に登場した。その改良型のレオパルト2は、一九七〇年に完成し、現在、多くの国家で使われている。

それに反して、日本の戦車は、M六一、M七四、九〇式、一〇式というように、まったく違うタイプの戦車を開発してきた。レオパルトのように、一つのタイプを改良改善して、発展させたものではない。

どうして、こういうムダなことをするのか分からない。これはアメリカの傑作戦車M1エイブラムス戦車、イギリスのチャレンジャー戦車、ソ連のT七二、T九〇戦車など、各国はシリーズとして改良改善し、発展させている。

戦前、日本の戦闘機は数多くの種類があった。海軍はゼロ戦、紫電改《しでんかい》、雷電《らいでん》、彗星《すいせい》、月光《げっこう》などを開発した。陸軍は九七式、隼《はやぶさ》、鍾馗《しょうき》、飛燕《ひえん》、疾風《はやて》などである。一つの種類を改良改善して発展させるという思想がなかった。その伝統は、現在の戦車開発にも見られるのである。これは壮大な税金のムダを発生させる。多種類を開発しても、すべてがガラパゴス兵器になる危険がある。

日本は核武装すべし

●核武装は日本が生存するための必須条件である

日本の防衛政策の理想は核武装である。

核武装しないかぎり、日本は、シナと朝鮮半島から、半永久的に侮辱されつづけるだろう。ことあるごとに、日本にイチャモンをつけ、金を要求するだろう。日本は、ヤクザの隣に住んでいる善良な市民である。

中華思想に毒されたシナと朝鮮半島を制するキイワードは「強い日本」である。中華思想は、強いものには媚びへつらい、その軍門に下る。しかし、弱いものには、嵩にかかって、威張り散らす。ドブに落ちた犬は叩くという文化である。

シナが核武装し、北朝鮮も核武装をし、韓国は核武装をしたがる、これらは中華思想が根底にあるからである。他人や、他国よりも優位に立ち、支配したいという文化である。とにかく序列をつけたがるのが中華思想である。シナ↓朝鮮半島↓日本という根拠のない序列である。

北京、平壌、ソウルを攻撃できる核武装こそが、日本生存の確実な方法である。またアメリカの核の傘があっても、習近平の日本侮蔑の態度は変わらない。南北朝鮮の反日も変わらない。シナと朝鮮半島の反日を一掃するものは、日本の核武装であって、アメリカの核の傘ではない。

●世界で唯一の被爆国だからこそ日本は核武装する資格と権利がある

しかるに、日本人は、まったく逆の発想をする奇妙キテレツな民族である。あつものにこりてなますを吹く。失敗を過剰に意識して再度失敗する。いずれにしても、臆病な民族である。冒険心も、チャレンジ精神もない。

これは三千年の稲作民族の本性である。自分の田圃《たんぼ》を一所懸命に守り、現状を変革しない。

イノベーションも起こさない。ひたすら守りの姿勢である。その究極の姿が、江戸時代の百姓であり、現代のサラリーマンである。ようするに、戦後七十年は江戸二百七十年の再来である。昔、百姓、今、サラリーマンである。ただし、江戸時代よりも戦後日本がもっと悪いのは、現在の日本には、江戸時代にいた武士もいないし、志士もいない。

現代はサラリーマンが中心の国家となった。これを百姓町人国家と呼ぶ人もいる。このサラリーマン国家・百姓町人国家に、イノベーションを起こすには、イノベーターを育てるしかない。現代版の幕末維新の志士である。西郷隆盛も、坂本龍馬も、高杉晋作も、時代が生み、育てた志士である。東アジアの危機の時代、必ず平成の志士は生まれると筆者は確信している。

●防衛白書は、大老井伊直弼の危機意識より、百六十年も時代遅れである

防衛白書は、日本の防衛政策を書いた書物である。しかし、この防衛白書には大きな問題がある。ざっくりというと、防衛白書は、エセ平和主義に毒された悪書である。いたるところに、リベラル風の左翼イデオロギーと、エセ平和主義思想が顔を出している。筆者は、ガラパゴス防衛白書と命名する。

たとえば、防衛白書の第二部第一章は、「わが国の安全保障と防衛の基本的な考え方」である。日本の防衛の基本を述べた章である。その第二節、第3基本政策（二三三頁）には、次のよう

な見逃せないことが書いてある。シナと北朝鮮と、反日韓国が大喜びする記述である。すなわち、

一．専守防衛。二．軍事大国とならないこと。三．非核三原則。四．文民統制の確保。

と書いてある。この内、一、二、三が問題である。この三つの記述には、東アジアの危機に対する現状認識力がまったくない。シナも北朝鮮も、この防衛白書の認識と、正反対の行動をしている。すなわち、①攻撃的であり、②軍事大国であり、③核武装している。これを書いた人物に対して、現下の北朝鮮からの核ミサイルの危機に対して、無抵抗で白旗を掲げろというつもりかと問い質したい。防衛白書は、完全に状況判断を誤っている。

防衛白書の認識力は、幕末の江戸幕府よりもはるかに劣る。大老井伊直弼《いいなおすけ》のほうが、防衛白書よりもはるかに、日本を取りまく軍事的脅威を認識していた。防衛白書の認識は、井伊直弼が大老に就任した一八五八年より、百六十年遅れている。泉下から井伊直弼が起きあがって、「桜田門外における私の死は何だったのだ」と嘆き悲しむだろう。

結局、このようなあまりにも甘い認識を示す防衛白書の論理は、平和憲法と平和主義に毒された空論である。防衛省という役所には、ほかの役所に例にもれず、リベラル風の左翼イデオ

ロギーにもとづくエセ平和主義が蔓延しているのである。

●自衛隊不信を生む

防衛白書が自衛隊の防衛思想だとすると、筆者は自衛隊不信になる。現場の自衛官の認識は、こんな空論ではないと信じる。純粋な若い自衛官が、左翼イデオロギーに毒されたエセ平和主義に染まっていないか心配である。

防衛省は、独立国家としての矜持と気概のある防衛白書を書いてもらいたい。すなわち、自分の国は自分で守るという軍事政策を提示すべし。空理空論の作文を書いて、恥ずかしいとは思わないのか。その上、危険なことは、こういう白書を発表していると、この鈍感な認識力が常態と化し、思考が硬直化することである。かつての大本営発表と本質が同じである。どちらも状況判断に大きな欠陥がある。

●徴兵制に関する驚くべき無知とウソを正す（平成二十八年度防衛白書の偽善）

※以下の筆者の批判は、平成二十八年度防衛白書の二二三頁に書いてあった徴兵制に関するものである。今回の平成二十九年度には、いつの間にか削除してあった。多くの人から厳しい批判を浴びたからだろうと推測する。それにしても姑息な執筆者である。こういう負け犬の思

想が、防衛省の中に蔓延しているとすれば、国防上、大問題である。

防衛白書が示す大きな問題点は徴兵制に関する認識である。国家を守るのは、武器ではなく、一人一人の国民の意思である。その国民の意思を統合した組織が徴兵制軍隊である。

徴兵制に関する平成二十八年度防衛白書の「徴兵制に関する指摘について」（二二三頁）は、驚くべき無知のしろものである。以下に全文を掲げて、その偽善ぶりを弾劾する。日本の防衛論の中枢をなす、防衛白書が、かくも無知で、独善的で、エセ平和主義に毒されていることは、国民の一人として、大変な危機感をもつ。これを書いた人物は誰なのか、納税者として、その認識と責任と怠慢を徹底的に追及する。

すでに述べたように、平成二十八年度防衛白書の「徴兵制に関する指摘について」は、平成二十九年度の防衛白書では、きれいさっぱり消えている。さすがに、この記述は多くの人から批判を食らったはずである。しかし平成二十八年に書いた人間の罪は逃れられない。こういう売国奴が今も防衛省の中にいると思うと、探し出して辞任を求めたい。防衛問題を語る資格はない。売国の振る舞いだからだ。

●「徴兵制に関する指摘について」(平成二十八年度防衛白書・二二三頁全文)

以下の文章の番号①②③④は、筆者が四つの段落を設け、読みやすくした。

「①一般に、徴兵制度とは、国民をして兵役に服する義務を強制的に負わせる国民皆兵制度であって、軍隊を常設し、これに要する兵員を毎年徴集し、一定期間訓練して、新陳交代させ、戦時編制の要員として備えるものをいうと理解しています。

②このような徴兵制度は、わが憲法の秩序の下では、社会の構成員が社会生活を営むについて、公共の福祉に照らし当然に負担すべきものとして社会的に認められるようなものではありません。わが国において徴兵制を採用することは、兵役といわれる役務の提供を義務として課されるという点にその本質があり、平時であると有事であるとを問わず、憲法第一三条、第一八条などの規定の趣旨からみて、許容されるものではないと考えます。

③このような憲法解釈を変更する余地はまったくなく、いかなる安全保障環境の変化があろうとも、徴兵制が、本人の意思に反して兵役に服する義務を強制的に負わせるもの、という本質が変わることはありません。したがって、今後とも徴兵制が合憲になる余地はありません。

④また、自衛隊は、ハイテク装備で固めたプロ集団であり、隊員育成には長い時間と相当な労力がかかります。短期間で隊員が入れ替わる徴兵制では、精強な自衛隊は作れません。したがって、安全保障政策上も、徴兵制は必要ありません。長く徴兵制をとってきたドイツやフランスも二一世紀に入ってから、徴兵制を止めており、今やG7諸国はいずれも徴兵制をとっていません」

★悪文の見本である

まず内容以前に、文体論としては、絵に描いたような悪文である。①もってまわった分かりにくい表現である。②文章の調子は幼児か、小学生のようである。③デスマス調で書くことで分かりやすくするというのは文章の素人の発想である。文章はデアル調が原則であり、そのほうが分かりやすいのは、文体論の常識である。徴兵制という重大な問題を、デスマス調にして、誤魔化そうとする見え透いた偽善である。以下、論破してゆこう。

●第一・平時は志願制、非常時は徴兵制、これが世界の常識である

アメリカでも、ドイツでも、フランスでも、イタリアでも、スペインでも、国家の非常事態、

一端緩急ある時は、即、徴兵制を敷く。こんな軍事上の常識を知らずに、この文章を書いたとすれば、書いた奴は痴呆を通り越して、売国奴であると断じていい。二二三頁の主張は、シナや北朝鮮の工作員が執筆したのではないかと疑う。

ロシアの脅威を前に、徴兵制を廃止していた平和国家のスウェーデンも二〇一八年に徴兵制を復活させる。高性能の戦闘機や戦車を自主開発するスウェーデンは、高度なデモクラシー国家であると同時に、高度な軍事強国である。ロシアの侵略を軍事力で、排除してきた歴史をもっている。

そして、いうまでもなく中立国スイスの存立を保証しているものが徴兵制のスイス軍である。一端緩急あれば、即、全国民が兵士となって国家防衛にあたる。徴兵制によるハリネズミ国家である。

イスラエルは徴兵制であり女性も兵士となる。日本が見習うべき国はイスラエルである。敵対するアラブ諸国に囲まれている状況は、中国、朝鮮半島に敵視されている日本とまったく同じである。

●第二：国の防衛は、憲法よりも上位にある

憲法一三条（個人の尊重と公共の福祉）、一八条（奴隷的拘束および苦役からの自由）を持ち出し、反対の根拠としているが、論理的に間違っている。国家が滅んでは憲法もただの紙屑である。

徴兵制とは、国民全員が国を防衛することであり、国民にとって、当たり前の義務であり責任である。むりやり第一三条を出して、こじつけているが、国防は一三条よりも上位の概念である。

また、第一八条を持ち出し、徴兵制を奴隷制度のごとく断定しているのは、許されざる暴論である。直ちに撤回せよと主張する。徴兵制は、苦役でもなく奴隷制度でもない。徴兵制は、国民みんなが、平等に、国防を担う、優れて民主的制度である。二二三頁の主張は、大変な間違いを犯している、許されざる主張である。「憲法残って国滅ぶ」を主張している売国奴の論理である。

●第三：国民皆兵は、教育、納税とならぶ国民の義務である

本格的な戦争になった時、志願制では兵力が不足するから、各国はいざという時、徴兵制を敷くのである。徴兵制を否定している国は日本だけである。平和ぼけも病膏肓に入った。国家は国民全員が参加した国家総力戦でないと守れない。

防衛白書とは、日本防衛のための根本原則を書いた重要な白書である。その防衛白書が、徴

兵制について、このような誤った事実認識、そして、偏向した見方、さらに希望的観測を書くとは、看過できない由々しき問題である。だいいち、日本をとりまく東アジアの国家はすべて徴兵制ではないか。理由はただ一つ、東アジアは、戦争の危険があるからである。

●第四．日本が徴兵制を敷かないのは、アメリカ軍に守られているからである

この事実に目をつぶり、徴兵制を否定するのは、論理的にも、道義的にも許されない。アメリカ兵の戦死と引き換えに、日本人は泰平をむさぼるのか。日本が真の独立国家、すなわち自国を自分たちで守るには、徴兵制以外に選択肢はない。わずか二十二万人の自衛隊で日本を守れる道理がない。あまりにも兵力不足である。日本も平時は志願制、非常時は徴兵制である。平時は志願制で二十二万人、非常時は徴兵制で三十五万人から五十万人が妥当である。北朝鮮の暴走の前に、危険が迫っている。戦後七十年にして、ついに非常事態の到来も、ありえる事態となった。

●第五．徴兵制では精強な自衛隊は作れないと書いてあるが、これは大ウソである

かつての帝国陸海軍は徴兵制だったが、同じく、徴兵制のドイツ軍とともに世界最強だった。さらにいうと、徴兵制の韓国軍は精強でないのか。中国軍は徴兵制だが精強ではないのか。徴

兵制では精強な軍隊ができないという、その根拠はなんだ。

最後に、防衛白書は、平和主義に毒された悪書である。日本の防衛政策の事始めは、防衛白書の誤りを正し、独立国家としての気概を示す防衛白書を執筆することである。こんな軟弱な防衛白書を執筆した防衛省の責任をきびしく追及したい。防衛白書の巻頭に写真を掲げている防衛大臣は恥を知れといいたい。歴代の防衛大臣よ、君たちは、本気で、このような軟弱な防衛白書の防衛政策を信じているのか。バカは死ななきゃ治らない。防衛白書残って国滅ぶ。

（注）徴兵制を記載した平成二十八年度の防衛白書の奥付には、「防衛白書の内容・転載に関するお問い合わせ先」として「防衛省　大臣官房　企画評価課」と書いてある。この大臣官房企画評価課こそが、実務的な最終責任を有する部署であろう。防衛白書の最終責任者は防衛大臣にあるが、実務的な執筆責任は、この課にある。この課には、左翼イデオロギーに毒された官僚がいるのである。この官僚どもが、売国的な空理空論を書いた犯人である。

平成二十九年度防衛白書には「防衛省　大臣官房　企画評価課　防衛白書作成事務室」となって、防衛白書作成事務室が追記してある。

第九章　警察の勘違い

野暮天・ＤＪポリスの勘違い

警察の勘違いは、渋谷に現れる、ＤＪポリスにつきる。

W杯など大きなサッカーの試合があり勝利すると、若者が渋谷に繰り出し、喜びを爆発させ、勝利を祝うことが恒例の行事になっている。あの光景をみると、なんとなく楽しくなり、うれしくなる。若者たちと勝利を分かち合えるような気持ちになる。大阪だったら、道頓堀に飛び込む若者である。

その喜びを規制するために、ある警官がマイクをもって、話し始めたことからＤＪポリスと呼ぶようになったそうだ。称賛する人がいるというが、とんでもない愚かな行為である。国民の税金を使って、若者の喜びに水をさし、余計なお節介をするなと言いたい。ソフトな警備であろうと、なかろうと、国民を上から目線で規制することに変わりない。

こういう監視、規制そのものに怒りを感じるのである。若者が、喜んでいるのである。なぜ、その喜びに水をさすのか。さらに、腹が立つのは、若者は騒動を起こす人間であると、はなから決めてかかっている警察の傲慢な態度である。日本は治安の悪い外国とは違う。略奪し、放火し、暴れる人間など皆無である。こんな自明のことがわからない警察は頭が悪いとしかいいようがない。警察というのは、国民を守るものではなく、国民を監視するものか。そんな認識をするならば、民主主義国家の警察の看板を降ろせ。

●水を差すな、お節介をするな

平成三十年六月十九日、ロシアW杯、コロンビア戦において、日本は下馬評を覆して勝った。奇跡的な勝利だった。日本中が沸き立った。老いも若きも、日本人が一体になった夜だった。当然、若者は渋谷に繰り出した。テレビでみると、大阪では若者が道頓堀に飛び込んでいた。痛快な夜だから当然である。

しかるに、渋谷ではバカな警察がバカなお節介をした。DJポリスなどいうバカな警察官が、楽しんでいる若者を規制していた。DJポリスは、タレント気取りで、「静かに歩きましょう」とか、「止まらないでください」とか、したり顔で、幼稚園児に言うように、お説教じみたことを言っていた。

六月二十五日のセネガル戦のあと、テレビをみていると、DJポリスが、肩車をしている人に対して、「肩車をしている君は、すぐ降りなさい」と、いかにも偉そうに注意していた。しかし、DJポリス君に言いたい。その言い方は日本語として間違っている。正しい言い方は、「肩の上に乗っている人はおりなさい」である。肩車をしている人は、地べたを歩いているのであるから、肩から降りようがないではないか。DJポリスは、マイクをもって、かっこよく注意したつもりだったが、日本語を間違えて恥をかいただけである。

しかも、DJポリスの言い方は、切り口上で、上から目線の偉そうな言い方だった。野暮天とは、このDJポリスでのことを言うのである。若者たちは日本の勝利を祝って楽しんでいるのである。野暮なことを言うものではない。肩車をして何が悪いのだ。この夜を楽しまずにいつ楽しむというのだ。

●税金の無駄づかいである

なぜ警察は若者の喜びに水をさすのだ。若者や庶民は放置しておくと何をするかわからないという性悪説にたっている。日本の若者は良識ある素晴らしい人間である。サッカーの後、渋谷で、暴動や大騒ぎを絶対にしない。他国のように火をつけたり、破壊したり、略奪したりすることはない。

しかるに、警察はあまりにも杓子定規である。少しは若者を信用しろと言いたい。数百人もの警察官を出動させて、税金の壮大な無駄使いである。よほど警察官は暇なのだろう。警官も、若者と一緒になって、勝利の喜びを分かち合う気持ちを持てと言いたい。粋な警官になれ。愛される警察になれ。

むしろ、渋谷周辺の交通規制を廃止し、自由に喜びを爆発する時間を設ければいい。あるいは、広さという点では皇居前広場が最高である。戦前は、日清や日露戦争で、勝った時は提灯行列をしたものである。皇居前に集まってバンザイを三唱しておわりにしたものである。

マラソンにおける白バイの先導の勘違い

●日本は治安が悪いのか

マラソンにおける白バイの先導である。あれは公害である。

筆者は、三十年も、四十年も前からマラソンの白バイの先導をやめろと主張して来た。今どき、マラソンを白バイが先導している国など皆無である。先進国はもとよりアフリカやアジアの発展途上国でも、マラソンの白バイによる先導など見たことはない。

あの光景をみると、まずなんといっても危惧するのは、日本は治安の悪い国だと思われることである。白バイが警備しないと、マラソン競技が運営できないほど治安が悪いのだと、他国の人は思うだろう。

白バイを先導させている県警、府警、警視庁、警察庁は、あの光景が日本国の治安の悪さの象徴となっていることに、気がつかないのか。治安対策に対する警察の無能を証明していることになる。恥ずかしいと思わないのか。白バイの先導とは警察力の無さであり不備なのである。テレビ中継を通じて、自分たちの無能を世界中にさらけ出しているのである。

●選手に排気ガスを吸わせるな

その上、選手に排気ガスを吸わせ、まき散らし、健康に悪いと思わないのか。競技に支障がきたすと思わないのか。あまりにも神経が鈍感である。

その上、野暮なことは、「右の警察官は白バイの関東選手権で優勝した山田さんです。左の人は、東京選手権で入賞した人です」などと、テレビ局が放送しているのである。白バイ警官が、白バイに乗って走るのは当たり前である。むしろ税金を使っているのだから、無駄な走り方をするなと言いたい。

筆者の改革の提案は次の通りである。

第一に、先導車は自転車にする。これなら排気ガスを選手に吸わせない。その上、静かである。第二、先導する人は公募する。

ネズミ捕りの勘違い

●警察は詐欺をするのか

ネズミ捕りとは、警官が、待ち伏せし、スピード違反を取り締まる、卑怯卑劣な取り締まりの方法のことである。

ネズミ捕りが行われる場所は、急に道路が広くなる場所、たとえば、一車線が二車線になる場所などでおこなわれる場合が多い。ドライバーは、一車線から二車線になり、広くなったと安心して、スピードをあげる。そうすると、突然、隠れていた警官が現れて、止まれと命令する。なんだろうと思って、止まると警官がやってきてスピード違反だというのである。距離にすると、二十メートルも走っていないのである。視界が開けたから、安全だから、スピードをあげるのは当たり前である。

それをスピード違反と言われると、立つ瀬がない。オイオイそれはないだろう。善良なる庶民を引っかけ、騙すのである。これは詐欺である。警察が人を騙し詐欺をするのかと言いたい。ドライバーを騙し、油断させ、引っかけるのである。高速道路のような猛烈なスピードが出る場所でネズミ捕りはしない。

●憲法違反である

筆者も同じ様な場所で引っかかった。あっと言う間であった。一車線から二車線の道路にでたので、安心してスピードを出すと、とたんに警官が出てきたのである。あっという間だった。しかし、猛烈に腹が立った。考えるまもなくつかまった。しかし警官がキップを切るまでは、ひたすら低頭して謝った。しかし、警官が翻意する気がないと分かったとたんに、今度は猛烈な抗議を開始した。

実はこれが庶民のせめてもの抵抗方法である。スピード違反、駐停車違反など、交通違反をしても、警官がキップを切るまでは、許してもらえる可能性がある。その間は、ひたすら謝罪してキップの撤回を図る。しかし、こっちの謝罪が受け入れられず、違反が確定したとたんに、イタチの最後っぺをやる。せめて一太刀、二太刀を警官に浴びせないと、腹の虫がおさまらないからだ。

この一太刀の殺し文句が「憲法違反だ！」である。憲法を持ち出し、徹底的に反撃・反抗・抵抗を開始するのである。卑怯卑劣な取り締まりに対する庶民のせめてものレジスタンスである。

●庶民のレジスタンス

憲法違反を持ち出すのは警察官への反撃である。卑怯卑劣な警察の詐欺に対する、庶民のせめてものレジスタンスである。筆者は、この時、一時間くらい徹底的に抗議した。そうすると、しまいには辟易《へきえき》した警官は困り抜いて、「これも仕事です」とポロリと漏らした。言外になんとか勘弁してくださいと匂わした。

末端の警官をいじめるのが本意ではないから、「どこの署だ」と聞くと、「〇〇署です」と言った。続いて「署長は何と言うのだ」、「いやそれは勘弁してください」、「その署長が成績をあげるために、こんな卑怯な取り締まりをやっているのか、けしからん、憲法違反だ」と、大声で怒鳴り上げるのである。「憲法には何と書いてあるのだ」と畳みかける。

たとえば、「憲法第十一条に違反している！」と大声で抗議することである。内容については、詳しくは知らなくてもいい。だいたいのところで十分である。憲法違反を追及するのが目的だからである。

徹底的に叫ぶことである。相手が押し黙り辟易するまで言い続けることである。そして、小一時間、大声で徹底的に抗議すると、腹の虫がおさまる。すっきりとする。こんな現場の警官をいじめても、時間のムダだから、矛を収める。

警察に言いたいのは、もっと大きな犯罪や、巨悪を取り締まれということである。庶民を取り締まっても意味がない。交通の罰金だって庶民には痛いお金である。しょうもないことを取り締まり、そのくせ、DJポリスや、マラソンの先導など、派手な仕事に力をいれるのである。親の折檻《せっかん》で亡くなった女の子がいた。警察や児童相談所の対応がなっていない。遅すぎるし、危機感がない。すぐに現行の法律を持ち出して、出来ないと言い訳する。言い訳する暇があったら、現場の判断で、警察力を行使して、女の子を救えと言いたい。できないはずがない。出来ないのは、やらないからである。警察官の判断力と行動力の欠如である。

●サスマタ（刺股）の勘違い

警視庁の前を通ると、出入り口に棒を持った警官が二人立っている。昔からの光景である。警官が持っている棒を警杖《けいじょう》というのだそうだ。

しかし、爆弾を使ったテロの時代に、あの警杖では通用しない。テロリストが警杖が届かない三メートルくらいの距離から、ズドンと一発撃てば、一巻の終わりである。現代のような時代には、警官も、鉄砲や自動小銃をもって警戒するべきである。自動小銃をもった警官を見ると、凶悪犯もテロを仕掛ける率が下がるだろう。テロリストから見ると警杖なら襲ってやろうという気にさせる。

昔、大阪教育大付属池田小で児童の殺傷事件があった。あの事件後、全国の公立小学校の約九三％が防犯ブザーなど、不審者の侵入に備えた通報システムを整備しているそうだ。暴漢に対抗する器具のうち「さすまた」（刺股）も約九〇％が常備している。

防犯意識の高まりは良いことである。しかし、刺股ではテロリスト対して、効果はない。アメリカのように銃を持った犯人には対抗できない。しかも、刺股といっても、江戸時代に使っていた刺股は、ギザギザの金具がついており、犯人を傷つけ、服をからみとり、取り押さえることができる。

しかし、現代の刺股は、軽量化を図り、先端のわっかの部分が大きくなっており、相手を傷つけず、押さえつけることを目的としている。犯人の人権にまで配慮した刺股である。しかし、あれでは暴れる犯人を取り押さえることはできない。学校では刺股を使って犯人を取り押さえる訓練をしているそうだが、効果は疑問である。

●警官が学校に常駐する時代

筆者の息子がアメリカに留学していたころ、学校に行くと、警官が常駐していた。最初は驚いたが、なるほどと思った。日本にもそういう時代が来ている。先生の刺股では対抗しようがない。警官か、警備員が、学校に常駐することが必要である。すでに警備員を配置している学校もある。防犯カメラの設置も進んでいる。

警棒や警杖や刺股の時代は去ったのである。爆弾や銃をもったテロリストの時代である。そうとうな対策をしておかないと、後で後悔することになる。日本は、いつも事件が起きた後、対策をとる後手後手の国である。警杖をもった警官から自動小銃をもつ警官の時代にきているのである。

それにしても刺股の発想はおもしろい。江戸時代に先祖返りし、鉄砲や機関銃の発想がない。平和なるかなニッポン。「御用、御用、火付盗賊改方、長谷川平蔵である、神妙にしろ!」というつもりだろうか。

母親の勘違い……赤ん坊は背中におんぶせよ

●前抱っこは危険だ

横浜で、母親が赤ん坊を抱っこしたまま自転車を運転し、転倒し、一歳の赤ん坊が頭を打って死んだ。もう一人の二歳の赤ん坊は前のイスに乗っていて無事だった。

問題は、この母親が、赤ん坊を背中におんぶせずに、今どきの母親がやるように、胸でだっこ「前抱《まえだ》っこ」して、乗っていたのである。前抱っこすると、転倒した時、親より先に、赤ん坊が土地に激突する可能性が高い。母親が上から赤ん坊にを覆いかぶさる形になる。

最近の母親は、昔のように背中におんぶせずに、赤ん坊を前抱っこする人が圧倒的に多い。
筆者は、かねがね、この光景を見て、大変問題だと危惧していた。

●人類の経験則に反している

現在の前抱っこには次のような問題がある。

第一．歴史的に、母親は、子供を背中におんぶしてきた。これは人類が、数千年も、数万年も、やってきた方法である。世界中のほとんどの民族も同じである。一部の民族は、脇腹の上にのせる。これも実質的に背中におんぶと同じである。

第二．赤ん坊を背中におんぶするのは、人間が到達した知恵である。母親の背中は、赤ん坊にとって、安全で安心する場所である。しかも母親は両手が空くから家事や仕事ができる。背中におんぶするのは人間の知恵である。

第三．母親の胸の前で抱っこする方法（前抱っこ）は、せいぜい、二、三十年の歴史しかない。高度成長期からである。人類が経験していない方法である。ゆえに危険も存在する。その危険の一つが、今回の死亡事故である。

第四．赤ん坊は、背中におんぶされている時は、母親の肩越しに、前を見ることができる。疲れたら母親の背中で眠った。しかし、前抱っこは、母親の胸のほうに向いているので、赤ん坊の視界がまったく遮られる。そのため、前抱っこの赤ん坊は、本能として、前を見ようと、たえず顔を左右に動かす。しかし、視界はゼロである。母親の顔しか見えない。その結果、①赤ん坊のストレスやフラストレーションがたまる。②母親が赤ん坊の顔をみて、よしよしと構うので、神経質な赤ん坊になる。背中におんぶし、赤ん坊をほったらかしておくと、静かに寝るか、見物しているか、おおらかに育つ可能性が高い。

●子育てにカッコをつけるな

前抱っこが流行したのは理由は単純である。おんぶに比べて、なんとなくかっこが良いからである。背中におんぶするのは、いかにも多産であり、子育ての最中であり、所帯じみており、苦労している、というイメージがある。前抱っこは、豊かな時代の子育ての象徴と見える。

たしかに、昔は、日本全体が貧乏であり、国民全員が子育てに奮闘した。だから誰も背中におんぶする方法に対して何の疑問もなかった。しかし高度成長時代から、日本人が豊かになり、多産でなく少子化となり、カッコ良く子育てを始めたのである。カッコをつけるには、多産と子育ての象徴である背中にオンブは、ますますやらなくなった。若い母親は、子育てで苦労しているのではなく、余裕をもって子育てをしていると、アピールしている。その姿が前抱っこである。

●おんぶの復権

しかし、前抱っこの危険がとうとう子供の死亡事故になった。もし母親が、赤ん坊を背中におんぶし、ハンドルを操作していれば、赤ん坊は死ななくて済んだ。転倒しても、背中にいる赤ん坊は安全である。

前抱っこは赤ん坊の死につながるのである。そして本質は、長い人類の歴史の中で、前抱っこは、せいぜい二、三十年である。人類は、数千年か、数万年か、数十万年か、赤ん坊を背中で育ててきたのである。

背中で育てるのは、社会的、文化的、経済的、心理学的などの多方面からの意味がある。しかるに前抱っこは、長い歴史の中ではぐくまれた人間の知恵を放棄し、軽視した子育ての方法である。カッコ良く子育てしたいという軽率にして、愚かな前抱っこを、即、放棄し、背中におんぶする方法に回帰せよと主張する。

軽自動車の勘違い

●なぜ日本ではローバーミニが作れないのか

日本の軽自動車は、日本独自の車である。排気量は、昔は三六〇cc、今は六六〇ccである。日本の狭い道路事情に合致した車である。しかし、あまりにも合致しているゆえに、いわゆるガラパゴス車となったのである。日本だけの独自の車で世界的に通用しないのである。

筆者は、昔より、なぜ日本はローバーミニができないのかと言ってきた。小型車として世界の名車である。長さは日本の軽自動車よりも小さい。

★ローバーミニの寸法
長さ三〇七cm　幅一四四cm　高さ一三三cm

★軽自動車の寸法
長さ三四〇cm以下　幅一四八cm以下　高さ二〇〇cm以下

ローバーミニはイギリスのブリティッシュ・モーター・コーポレーション（ＢＭＣ）の車であ

る。その後、経営が悪化し、ドイツのＢＭＷの傘下に入った。

生産が終了したＢＭＣのローバーミニは、クラシックミニと呼ばれている。ＢＭＷが開発した車が、ＢＭＷミニである。ローバーミニの伝統を継いで、斬新なデザインで大変人気がある。

筆者が言いたいのは、日本は軽自動車に埋没してしまって、ローバーミニやＢＭＷミニのような小型だが、高級車を開発できないことである。日本の軽自動車＝安物、ミニ＝高級車である。日本の軽自動車は排気量六六〇ccであるが、ミニは一〇〇〇cc以上もある。日本メーカーは、小さな車＝安い車という発想から抜けでていない。小型車＝高級車という発想が欠落している。

●軽自動車の規格を撤廃すべし

軽自動車でつちかった小型の技術やノウハウがあるのに、なぜミニのような車を作らないのか、否、作れないのか、不思議である。日本ではローバーミニも売れたが、ＢＭＷミニもよく売れている。安いので二五〇万円から高いので四五〇万円である。メーカーにとっても付加価値の高い商品である。軽自動車の三台から四台分である。

軽自動車は、日本の道路事情にあった車である。しかし、その発想に埋没していると、世界に通用する車は開発できない。軽自動車という規格を撤廃すべきである。こんなガラパゴス車をつくっているかぎり、世界との競争に敗ける。

●ガラパゴスの発想から脱却すべし

日本は兵器製造、たとえば戦車にしても、国内向けのことばかり考えて、世界に輸出するという発想がないために、ガラパゴス戦車を開発することになる。世界市場で通用しない。日本の一〇式戦車は国内を戦場とした場合の最適な戦車といっているが、戦場には国内も世界もない。アメリカのM1戦車やドイツのレオパルト戦車には、国内向けなどという発想はない。大型の強力な戦車と、関東平野で対峙した時、一発で撃破される可能性がある。

軽自動車も、戦車も、なぜ日本人は国内向けの発想しかできないのか。江戸時代の鎖国ではないが、軽自動車にも、戦車にも、鎖国の発想が、二十一世紀になっても、残っている。これを、筆者は、軽自動車の勘違いと命名して、その発想に警鐘を鳴らしたいのである。

ビジネスモデルという勘違い……あこぎな商売

●ビジネスモデルというあこぎな商売

企業のビジネスのやり方を総称して、ビジネスモデルという言葉がある。

この言葉は、マーケティング戦略において、効率的な、生産性の高い、商売やビジネスのやり方、という意味で使っている。

しかし、最近、プリンターの替えインク、ヒゲソリの替え刃などのメーカーが自分達のやり方をビジネスモデルと言っているが、とんでもないことである。あれはビジネスモデルではなく、日本語では、あこぎな商売というのである。ようするに、あくどい商売、汚い儲け方である。ビジネスモデルという美名をつけて、あこぎな商売を誤魔化し、あくどく儲けているのである。

プリンターを使っている人は、だれでも知っているように、替えインクは、短期間で消耗する。ヒゲソリも同じである。そこで交換しようと思っても、替えインク、替え刃があきれるほど高い。あまりにも高価なので、二の足を踏む。本体を低価格にし、消耗品で儲けるやり方である。

これをビジネスモデルなどと、かっこよく命名し、言い訳にしている。しかし、古来、日本では、こういうやり方のことを、「あこぎな商売」と言ったのである。ずばり汚い商売のやり方である。消費者の弱みに付け込んだ狡賢い商売である。

●キヤノンよ、あこぎな商売をやめろ

筆者は、仕事上、プリンターを大変よく使う。製品はキヤノンである。しかし、あっという

間にインクがなくなる。しかし、やむを得ないから泣く泣く購入する。しかし、長年、こういう状態が続くと、キヤノンに対して、だんだんというか、今では猛烈に腹が立っている。それで抗議のつもりで本原稿を書いている。高価な消耗品が、この原稿を書かせる原動力である。

ヒゲソリもそうである。本体は安いのであるが、替え刃が高いのである。ジレットも、シックもである。プリンターと同じく、ジレットとシックのヒゲソリメーカーに対しても、猛烈に腹が立っている。まさにあこぎな商売である。

当然のこととして、代替えの製品が発売されている。しかし、純正メーカーは、あの手この手で、邪魔をする。純正メーカーを使わない製品は、目詰まりするとか、故障した時に保証しないとか、言って邪魔をする。本体の商売があこぎなのに、邪魔するやり方まで、あこぎである。

しかし、天網恢恢疎《てんもうかいかいそ》にして漏らさず。いつか必ず天罰が下る。そんなうまい話が、いつまでも続くものではない。人生を、そこそこ長く生きてきた筆者には、人生の教訓がよくわかる。平家物語は、今も、生きている。奢れる者久しからず、ただ春の夜の夢のごとし。あこぎなメーカーが痛い目に合うことを、楽しみに待っている。これがせめてもの庶民のレジスタンスである。

第十章

韓国の勘違い……
ベトナム戦争中の大量虐殺事件

●驚くべき虐殺の数々

まず最初に表を見ていただきたい。これはベトナム戦争中の韓国軍のベトナム人大量虐殺の犠牲者の人数である。筆者たちが、平成二十六年二月一日から十日まで、ベトナム全土の一九カ所を調査した結果である。図は、それを地図にプロットしたものである。調査地域は、ホーチミン市、フーイエン省、ビンディン省、クアンガイ省、クアンアム省、ダナン、フエ、ハノイである。とくに中部のフーイエン省、ビンディン省、クアンガイ省、クアンナム省、ダナン地域を重点的に調査した。この五地域は、韓国軍が駐屯し、数多くの大量虐殺事件を起こした場所である。

なぜ人数が分かるかというと、虐殺地には必ず大きな慰霊廟があり、犠牲者の名前がひとりひとり刻まれているからである。これは犠牲者を弔うベトナム人の気持ちを表している。犠牲者数は約二千八百人であった。フーイエン省をいれると約五千人である。ベトナム全土で、約百カ所、一万人から三万人の虐殺があったと推計している。

戦争犯罪に時効はない。ルワンダ国際戦犯法廷、旧ユーゴスラビア国際戦犯法廷のごとく、韓国の虐殺責任者は「韓国国際戦犯法廷」(仮称)で裁かれねばならない。

表　韓国軍による大量虐殺の犠牲者

(1)	ビンアンの大虐殺	1,004 人
(2)	ゴーザイの虐殺	380 人
(3)	フック家の虐殺	10 人
(4)	トータン村の虐殺	58 人（88 人）
(5)	タンザン村の虐殺	46 人（54 人）
(6)	ニョーラム村の虐殺	300 人（143 人）
(7)	キンタイ村の虐殺	37 人
(8)	ソンミ博物館（米軍）	
(9)	カンラム村の虐殺	84 人（100 人）
(10)	ディエンニィエン村の虐殺	112 人（143 人）
(11)	フォックビン村の虐殺	68 人
(12)	チャインの戦勝記念碑（軍民とも数千人が死んだ戦闘）	
(13)	ロンビン村の大虐殺	430 人
(14)	36 名慰霊碑	（上記の数に含まれる）
(15)	イギリス人の慰霊廟	（上記の数に含まれる）
(16)	フォンニ村の虐殺	74 人
(17)	ハミ村の虐殺	135 人
(18)	フーイエン省	2,000 人
小　計		5,000 人①
(19)	その他犠牲者・推計	5,000 人～15,000 人②
①＋②＝全犠牲者数		最小 1 万人～最大 3 万人

ベトナム戦争における韓国軍の民間人大量虐殺の地図

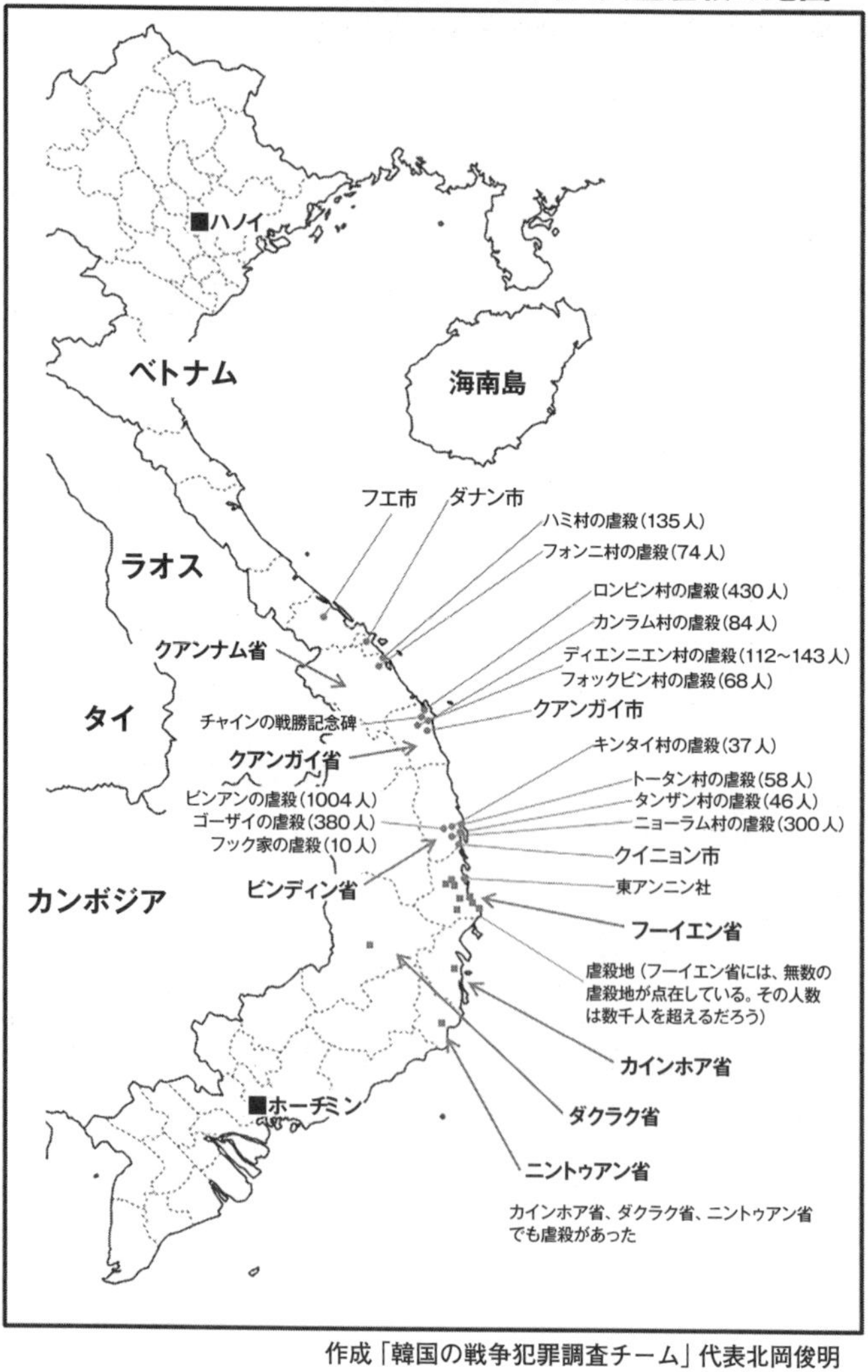

作成「韓国の戦争犯罪調査チーム」代表北岡俊明

韓国による大量虐殺の事実が、世界に明らかになると、韓国の国際的地位は大暴落するだろう。国家と国民の名誉は地に落ち、国際社会を大手をふって歩けなくなるだろう。ベトナムでの大量虐殺事件は、戦後最大のホロコーストとして、断罪される日も近い。天網恢恢疎にして漏らさず。韓国の断末魔の声が聞こえてくるようだ。

●大量虐殺を証明する多数の慰霊廟

日本でも、アメリカでも、イギリスでも、どこの国でもいい、国内にこんなにも多数の慰霊廟（碑）が建立されている国は、見たことも聞いたこともない。しかも、すべての慰霊廟は、韓国軍というたった一カ国の軍隊による虐殺の慰霊廟である。

ベトナム戦争の主人公であるアメリカ軍の慰霊廟は、ソンミ以外にはなかった。これはアメリカ軍が、ソンミ事件以外、虐殺事件を起こさなかったからである。これも驚くべき真実である。ベトナムにおける虐殺事件のほとんどすべてが、韓国軍によるものである。これも驚愕の事実である。

多くの慰霊碑には、「憎悪の碑」「恨みの碑」「怒りの碑」という名がついていた。今回の調査でも、多くの人が、韓国に対する恨みと怒りを語った。今もなお、現地の人の間では、韓国に対する憤怒の感情が充満していた。

韓国軍による最大級の虐殺事件は、中部ビンディン省のビンアン大虐殺であった。ビンアン慰霊廟には、千四名を慰霊してあった。ゴーザイという丘では一時間で、三八〇名を殺戮した。これは太平洋戦争中の話ではない。戦後も戦後、一九六六年の出来事である。クアンガイ省のロンビン村の虐殺事件では、慰霊廟に四百二十二名の名前を刻んであった。今回の調査中、数十名から百名単位の慰霊碑はいたるところにあった。

今回、調査が十分にできなかったフーイエン省では、少人数の虐殺事件が、数えきれないほど広範囲に散らばっていた。この省だけで犠牲者は二千名を越えるだろう。しかも、慰霊廟がほとんどない。村が全滅し、慰霊する人がいないためである。これでは虐殺されたベトナム人の霊魂は浮かばれず、さまよっているだろう。早急に慰霊碑をつくり鎮魂してあげることを日本人として強く願う。

●韓国は戦犯法廷で裁かれねばならない

問題は、この大量虐殺事件が、国際的に表沙汰になっておらず、したがって、戦争犯罪として裁かれていないことである。闇に葬り去られる可能性すらある。韓国では一部の人達が告発しているにすぎない。韓国世論は、ベトナム戦争は共産主義との正義の戦いだった、十字軍だった、という意見が大勢を占めている。

しかし、ベトナムでの大量虐殺事件は、韓国現代史の一大汚点、一大恥部である。韓国世論が、弁解しようと、弁護しようと、大量虐殺は「人道に対する罪」という戦争犯罪であって、重大な国際法違反事件である。

しかも、自分たちの大量虐殺事件をかくすために、慰安婦問題や歴史問題を持ち出し、問題をすり替えようとしている。韓国では、ベトナム大量虐殺事件を、隠蔽しようとする国民的な意思が働いていると筆者は推測する。さらに、ベトナム戦争は正義の戦争だったと強弁して、虐殺事件をすり替え、事実を隠蔽しようとしている。

戦争犯罪に時効はない。韓国の大量虐殺事件は、今後、国際戦犯法廷で、裁かれねばならない。こんな残虐行為が、放置され、闇に葬られては、虐殺されたベトナム人とその遺族の気持が収まらない。今回の取材でも、多くの遺族が、韓国に対して激しい怒りと憎悪を語っていた。

●韓国人に良心はあるのか

ベトナム戦争の残虐行為といえば、アメリカによるソンミ事件をイメージする。しかし、アメリカが起こした虐殺事件はソンミ事件の一件だけである。アメリカを弁護するつもりは毛頭ないが、ソンミ事件のアメリカの責任者は裁判で裁かれている。

しかし、韓国の責任者は誰も裁かれていない。裁かれていないどころか、韓国は、ベトナム戦争を正義の戦争、十字軍などと公言し、あろうことか、「ベトナム参戦勇士出会いの場」という巨大な施設をつくり、ベトナム人の殺戮場面を再現し、公開している。筆者も調査に訪れたが、この施設は北朝鮮との国境に近い江原道華川にある。敷地は四万坪である。

ベトナムでの民間人虐殺を賛美し、見せ物にするとは、許されざる蛮行である。韓国人の神経を疑い、道徳心や人間性に重大なる欠陥があると指摘せざるをえない。韓国人には良心というものがないのか。虐殺された数千、数万人のベトナム人の犠牲者の霊魂を足蹴にする行為である。これは、たとえると、アメリカ国内に、原爆投下を賛美するための施設をつくり、原爆投下を再現するイベントを行うことと同じである。まさに人道に反する行為である。

韓国の民間人虐殺事件は戦争犯罪である。とくに、国際刑事裁判所が定義する「人道に対する罪」に該当する。戦争犯罪に時効はない。ゆえに、ベトナム戦争終了後、隠蔽されてきた韓国の戦争犯罪は、これから本格的に告発される時を迎えた。当然、戦犯法廷で責任者は処罰されることになるだろう。

韓国は、(1)日本のありもしない「慰安婦問題」、(2)触れてはならない「歴史認識」という人間の価値観を非難する。しかし、日本を非難する前に、おのれの許されざる戦争犯罪を深く反省するべきである。慰安婦問題などは大量虐殺事件（ホロコースト）という超弩級の人道問題の前には、どこかにすっ飛んでなくなるだろう。大量虐殺事件があきらかになれば、韓国の国際的地位は大暴落するだろう。

論点整理……韓国軍の大量虐殺の何が問題か

以下、韓国の大量虐殺事件について論点を整理した。

第一．韓国はベトナム戦争中に、数千から数万人規模の大量虐殺事件を起こした。しかし、そのことを世界の多くの人は知らない。韓国軍の残虐行為が歴史の闇に葬られようとしている。

第二．韓国軍の大量虐殺事件はベトナム戦争の一大汚点である。ベトナム戦争を汚い戦争にした犯人は韓国軍である。

第三．アメリカ軍は残虐でなかった、韓国軍は残虐だったと、今回の調査で、数多くのベトナム人が証言した。村々に建つ数多くの慰霊碑の数をみると、いかに韓国軍が残虐非道なことをしたかを物語っている。

第四．アメリカはソンミ事件の一件、五百四名であるが、韓国は約百カ所、一万人〜数万人の大量虐殺をやっている。

第五．アメリカのソンミ事件の戦後処理は終わったが、韓国軍の大量虐殺事件の戦後処理は終わっていない。

第六．アメリカのカリー中尉はソンミ事件で、終身刑の判決を受けた。しかし、ベトナム全土で大規模な大量虐殺を起こした韓国の全斗煥と盧泰愚は、まったく裁かれていない。

第七．韓国はベトナムでの大量虐殺の責任と罪をアメリカに転嫁している。みずからの犯罪にほっかむりし、知らぬ顔をしている。

第八．アメリカはベトナム戦争を総括し反省した。しかし、韓国は、ベトナム戦争を正義の戦争、自由の十字軍だと公言し、全国にベトナム参戦碑を数多く建設した。江原道華川には、ベトナム参戦を体験する広大な野外施設をつくって公開している。まことに反省も良心の呵責もない民族である。

第九．韓国は、自国の戦争犯罪を隠蔽するために、ことさらに慰安婦問題を持ち出し、おのれの責任を日本に転嫁しようとしている。まことに汚く狡賢い民族である。

第十．韓国の大量虐殺事件は戦争犯罪であり「人道に対する罪」である。戦争犯罪に時効はない。韓国の責任者が戦争犯罪で裁かれる時がきた。

第十一．日本は韓国の大量虐殺を世界に訴え、韓国の慰安婦問題、歴史問題を撤回させ、謝罪させねばならない。

ベトナムにおける大量虐殺事件の詳細は拙著『韓国の大量虐殺事件を告発する』（展転社）を参照していただきたい。

●対韓三原則「殴る、蹴る、ぶっ飛ばす」

日本人と韓国朝鮮人とは、水と油である。永久に交わらないと断言してもいい。同じような顔をしているから、お隣の国だから、日本人と同じような価値観や、近代デモクラシーの思考方法を持っていると思ったら大間違いである。韓国朝鮮人には近代的な価値観は存在しない。近代法よりも情緒が優先する民族である。

弾劾された朴女大統領は、千年恨むと言った。韓国人には近代法の時効という概念がない。敵を許すという観念もない。死んだ人間の墓を暴き、千年でも二千年でも、永遠に恨み、憎む文化である。どぶに堕ちた犬は叩けである。弱みを見せると、嵩にかかって責める。後ろを見せると、背後から斬りつける。

日本人の価値観と絶対に相い入れない。真逆である。日本には仏教や神道がある。逆賊も死ねば、神様や仏様になる。その上、世界に誇る武士道文化がある。内村鑑三の武士道によると、「正直なること、高潔なること、約束を守ること、借金せざること、逃げる敵を追わざること、人の窮境に陥るをみて喜ばざること」という徳目である。クリスチャンの内村鑑三は、「武士道の台木にキリスト教を継いだもの、そのものは世界最善の産物であって、これに日本国のみならず、全世界を救う力がある」と言っている。

朝鮮半島とは、最小限の付き合いにとどめ、絶対に深く交流しないことである。朝鮮問題の権威、古田博司筑波大学教授は、「助けるな、教えるな、関わるな」の非韓三原則を提言している。筆者の提言は、「殴る、蹴る、ぶっ飛ばす」の対韓三原則である。

エピローグ――スーパーボランティア尾畠春夫さんの名言

勘違い人間について書き始めると、次々と対象者が出現した。終わったと思ったらまた次の人が出てきた。たとえば、レスリングのパワハラ事件が終わったと思ったら、日大のアメフト事件が発生した。アメフト事件が少し下火になったと思ったら、今度はボクシング連盟の騒動が持ち上がった。とうとうアジア大会でバスケット選手による買春疑惑の事件が起きた。

事件の発生を期待しているわけではないが、これが世の中であり人生というものである。シナ事変の盧溝橋《ろこうきょう》事件ではないが、事件というものは、神様でも予測が不可能である。石川五右衛門の辞世に、「浜の真砂はつきるとも、世に盗人の種はつきまじ」とある。今後も勘違い人間はいくらでも出てくるだろう。

ところまで書いて、勘違い人間のオンパレードでうんざりしていると、まったく逆の聖人のような人が、突然、現れた。大分県の尾畠春夫《おばたはるお》さんである。平成三十年八月十五日、行方不明の二歳の藤本理稀《ふじもとよしき》ちゃんが救出されたというニュースが飛び込んできた。しかも、救出したのが七十八歳のジイサンさんだったからよけいに驚いた。大分県から救出のために、駆けつけ、わずか二〜三十分で理稀ちゃんを発見し、母親に渡すと、あとはすべてのことを謝絶して、さっそうと去っていった。あまりのカッコよさに、ネットでは神様仏様とまで書きこんであった。

その後、尾畠春夫さんの経歴がしだいに明らかになると、世間はますます、この人の偉大さに感心するばかりである。欲得ずくの、せちがらい世の中で、無償の奉仕を貫いていることに、ただただ頭が下がる。しかも、尾畠春夫さんの言や良し。「かけた情けは水に流せ、受けた恩は石に刻め」。なんと素晴らしい言葉であるか。これぞ名言である。筆者は、さっそく座右の銘にした。

それにしても、十五日、発見後の現場の警察官の振る舞いはみっともなかった。藤本理稀ちゃんを発見し、バスタオルをかけ、しっかりと抱きしめて歩く尾畠春夫さんに、警察官が「渡してください」と、言っている姿がテレビに映っていた。警察官の職務だというが、最後のおいしいところだけを横取りする警察であると、筆者は過去の経験から思った。

たしかに、突然、現れた赤いつなぎを着た薄汚れたジイサンが二歳児を発見し、数百名も動員した警察官がなすすべもなかったから、手柄の横取りとは思いたくないが、警察として、藤本理稀ちゃんを抱っこして、世間にアピールしようとしたのは間違いない。

本文でも勘違い警察として取り上げたが、警察とは官僚的で、人の手柄を横取りしても、屁とも思っていない。しかし、尾畠春夫さんは「警官が来ようと、大臣が来ようと、お母さんに渡すと約束していたから、絶対、誰にも渡さない。口約束だけど契約だ」と喝破《かっぱ》したので、筆者は拍手喝采を送った。

過去、様々な災害現場で、人を救出している場面をテレビで見てきたが、警察は最後のおいしいところに出現する。たとえば、自衛隊員が、人間をがれきの中から救出した時、たいてい警察官が待ち構えており、最後は警察官が運び出し、最後のおいしいところは、いただくという図式になっている。いつも、あの場面を見ながら、自衛隊びいきの筆者は、「何だ警察は、おいしいところだけをもってゆきやがって」と、画面に対して怒鳴ったものである。だから、今回も、またまた警察が出て、最後のおいしいところを横取りするのかと思った。自衛隊の救出劇の時も、今回も、最後は警察官の出番が当然といわんばかりの態度に腹がたった。上から目線の態度が気に食わない。

本文で取り上げた勘違い人間といい、今回の警察官といい、世間は尾畠春夫さんと正反対の人間ばかりである。自分の手柄は自分の手柄、人の手柄も自分の手柄である。これを厚顔無恥というのである。

幸いなことに、尾畠春夫さんに感銘を受け、あのように生きたい人が、数多く出てきた。筆者もその内の一人である。尾畠春夫さんは、藤本理稀ちゃんを救出後、二日ほど自宅にいただけで、休むひまもなく、九時間も車を運転して、広島県呉の災害現場に駆けつけている。食事は、メシに水を注いだものや、インスタントラーメンにメシをぶっこんだだけのものである。「お腹がすくと美味しい」とカメラに向かって言っていた。

この人は現代の聖人であると思った。国民栄誉賞は、尾畠春夫さんのような人こそ、最もふさわしいが、この人は、世の中のすべての栄誉とは何の関係のない世界で生きている人である。人間は、いっさいの欲望から解脱《げだつ》すると、あのような達観した美しい顔になる。尾畠春夫さんにとって、この世は、色即是空、空即是色である。すでに般若心経の世界に到達している。合掌。

本書を最後まで読んでいただいた読者の皆様に対して、厚く御礼を申し上げ、終演といたします。

北岡俊明

北岡俊明（きたおか・としあき）

■専門①「戦争論・戦略論」②「ディベート論」。■昭和18年徳島市生まれ。大阪市立大学経済学部卒業。企業勤務後、財団法人流通経済研究所主任研究員を経て独立。■現職、日本ディベート研究協会会長、「シンクタンク戦略大学」代表。■著書50冊。主著として『企画能力』（こう書房）『ディベート能力の時代』『本田宗一郎の経営学』（産能大学）、『葉隠の経営学』（総合法令）、『ディベートがうまくなる法』『ディベートからみた東京裁判』『日本人の戦略的失敗』（以上、PHP研究所）、『韓国の大量虐殺事件を告発する』（展転社）、『国民のための戦史教科書』『政治家がアホやから政治がつまらん』（以上、シンクタンク戦略大学）などがある。
メール：kitaoka@japandebate.com

日本《にほん》アホバカ勘違《かんちが》い列伝《れつでん》

2018年9月25日　初版発行

著　者　北岡 俊明

発行者　鈴木 隆一

発行所　ワック株式会社
東京都千代田区五番町4-5　五番町コスモビル　〒102-0076
電話　03-5226-7622
http://web-wac.co.jp/

印刷人　北島 義俊

印刷製本　大日本印刷株式会社

ISBN978-4-89831-783-9

好評既刊

韓国・北朝鮮はこうなる！
呉 善花・加藤達也
B-280
米朝会談後の韓国と北朝鮮はどうなるのか。このままだと、韓国は北に呑み込まれ、貧しい低開発国に転落してしまいかねない。その時、北東アジアの自由と平和は……
本体価格九二〇円

「文系バカ」が、日本をダメにする
なれど"数学バカ"が国難を救うか
髙橋洋一
B-274
「文系バカ」にならず「数学バカ」になるには？先ず、「新聞・テレビ」に不要に接しないこと！そして、この本に書かれている「AI型知的生活」を実践しよう。
本体価格九二〇円

学はあってもバカはバカ
川村二郎
B-275
著者は、元週刊朝日編集長。古巣（朝日）にいた「学のあるバカ」をはじめ、高級官僚、政治家の中で増殖し続ける、その手合いを徹底論難。彼らに国や会社を滅ぼされてなるものか！
本体価格九二〇円